山口大学大学院東アジア研究科
東アジア研究叢書 ❼

東アジアの
パンデミック

政治・経済学，法制度，観光学の視点から

国立大学法人
山口大学大学院東アジア研究科〔編著〕
浜島清史〔責任編集〕

East Asian Pandemic

中央経済社

『山口大学大学院東アジア研究科　東アジア研究叢書⑦』の刊行について

本書は，山口大学大学院東アジア研究科の『東アジア研究叢書』として発行されるものである。本研究科では，これまで人文科学・社会科学分野を中心とした東アジアの諸問題・研究諸課題について論じた叢書を，2012年以降，隔年で発行し，今回が第7巻となる。

今回は，近年社会経済的に大きなインパクトを与えた新型コロナウイルス感染症を念頭に，本研究科の社会動態講座のメンバーが中心となり，研究科内外の研究者とともに研究に従事し，『東アジアのパンデミック』と名を打ち，その成果を上梓するものである。本書の発行に至る具体的経緯・本書の目的・構成等の解説については，本書の責任編集者である浜島清史氏に譲ることにするが，今回の叢書は，テーマの現代性・社会的重要性に鑑みて，広く世に問うために，これまでの叢書に比して，発行部数を若干多く増やしている。また，学術書であるが，読みやすくなるような配慮もなされているので，関係の研究者の方々のみならず，同問題に関心を持つ一般の方々，大学生・大学院生の方々にも，手にとっていただければ幸いである。なお，本書の基礎となった2022年度の東アジア国際学術フォーラムの開催にあたっては，山口大学基金より学術講演会開催助成事業の交付を受けた。また，山口大学人文学部，経済学部，教育学部，国際総合科学部からご支援をいただいた。厚く感謝申し上げたい。

2024年3月　山口大学大学院東アジア研究科長

古賀　大介

はしがき

本書の背景

本書の背景は，新型コロナウイルス感染症という，文明の利器を介在した人類史上類例のない現象である。周知のように，これまで全世界各国が同じテーマで，しかも各国ごとの内容で報道を行ない，学術的にはありとあらゆる分野の研究者がこの感染症に関するテーマで論じている。

山口大学大学院東アジア研究科では「東アジアを中心とする世界経済社会に対する感染症問題の影響」と銘打ち，プロジェクト研究を進めてきた経緯がある。本書の編者である浜島は，かかるテーマに対して，主に３年間毎年のシンポジウム（以下，シンポ）をそれぞれ３月に開催してきた（2020年度から2022年度に掛けて開催された。それぞれ21年・22年・23年シンポと称しよう）。そこでテーマにしたのは，「東アジアにおけるコロナ禍に関する制度と組織―いかに動かすか」である。これらシンポの具体的な概要と独創的な取り組みについては第１章２節および３節で論じたい。

このさらなる背景としては，日本において，とりわけ顕在化した，〝医療崩壊〟逼迫の問題であり，それに対して，制度論的な観点―経済学的解明からは様々に断片的に指摘されてきた。これについては第１章４節で体系的に総括されよう。

本書の目的

編者による１回目の21年シンポでは，東アジアの諸国・諸地域から，シンガポール，台湾，中国，韓国，日本の要点がとりわけ制度に焦点を当てて解明され，明確になった。２回目の22年シンポでは，日本における顕著な取り組みを行なっている地方自治体と地方国立大学の事例を，その中心人物に語ってもらった。そして３回目，23年には，本書の基となった国際シンポを開催した。

この間，世界各国の法社会制度が比較されてきたが，国際的な総括が求められているといえよう。この状況下において，アジア諸国（南アジア・東南アジア・東アジア）における第一線の研究者を招き，本山口大学の研究者と相対した。かかるシンポに基づく本書の目的は，主にこれまでのシンポにおける，制度と組織―いかに動かすか，日本を含めた東アジアにおける地域や地方大学を含めたそれら取り組みを踏まえて，さらに学問の専門分野を拡充して，議論を深めることにあるといえよう。これについては，以下，本書の構成で具現化しよう。

本書『東アジアのパンデミック―政治・経済学，法制度，観光学の視点から』の構成

本書は，23年の国際シンポジウムに基づき，その講演者の原稿を基にしており，そこから次のような構成としている。

はしがき―本書の背景，目的，内容：本書を企画した理由
本体
1．経済学＆観光学―浜島，朝水，Bada
2．特別コンテンツ―文化心理学，武本
3．日本とアジアの比較研究―法学：立山，宋＝徐，行政学：Uddin，国際政治学：八代
あとがき－本書の各章の独創性，本書全体としての意義，残された課題

はしがき，はここに既に論じてある。本体は，それぞれの専門分野から，1．経済学（第1章）と観光学（第2章・第3章），3．日本とアジアの法制度（第5章・第6章）・行政学（第7章）・政治学（第8章）の比較研究という色彩を放っている。その間に2．特別コンテンツとして文化心理学（第4章）を介在させている。あとがき－本書の各章の独創性，本書全体としての意義，残された課題，この通りに沿って論じられる。

より詳しくは，序論に当たる第1章の2節，国際シンポジウム2023（本書の基）と制度論への新たな視座，で論じよう。本書全体の紙幅の都合で，はしがきをコンパクトにしており，その代わりに第1章において，コロナ禍関連のシンポジウムの概要，本書の各章の概要を解説しており，はしがきから第1章と連続しているのである。

浜島　清史

目　次

『山口大学大学院東アジア研究科　東アジア研究叢書⑦』の刊行について　i
はしがき　iii

第1章　コロナ禍の国際シンポジウムによせて—制度と組織 ……… 1

1　コロナ禍シンポジウム（シンポ）と制度・組織論への橋掛け　2
2　国際シンポジウム2023（本書の基）と制度論への新たな視座　3
3　これまでのコロナ禍に関するシンポジウムの総括　5
　(1)　阿南英明「コロナ対応策構築によりあぶり出された我が国に内在する医療課題」　7
　(2)　島田眞路「新型コロナの猛威 山梨大学の奮闘—コロナ禍における地方国立大学の対応」　9
4　制度論としての総括と経済学的考察の進化　10
　(1)　制度的課題の整理と経済理論的把握　10
　(2)　経済学批判として　12
5　むすびにかえて—事例としての山口県と山口大学の取り組み　13
　(1)　YCISS（Yamaguchi COVID-19 Information Sharing System）　14
　(2)　YUMECO（Yamaguchi University Medical COVID-19）　15

第2章　COVID-19（コロナ）に伴う日本における人的移動の規制と緩和 ……19

1　はじめに―第2章の概要　20

2　コロナ禍における移動と移動規制に関する先行研究　20

(1)　感染症対策の歴史に関する先行研究　20

(2)　移動制限の問題点に関する先行研究　21

(3)　コロナ期における移動に関する先行研究　22

(4)　コロナ期の留学生に関する先行研究　23

3　日本におけるコロナ期の人的移動に関する概要　24

(1)　日本における短期訪問者　24

(2)　在日外国人　24

(3)　日本における外国人労働者　26

(4)　日本における留学生　26

4　日本における人的移動の規制と緩和に関する変遷　27

(1)　コロナ期におけるニュースサイトのアーカイブス　27

(2)　2020年の社会背景　28

(3)　2021年の社会背景　29

(4)　2022年の社会背景　29

5　山口大学における留学生の受け入れ　29

(1)　コロナ前とコロナ期の留学生数の変遷　29

(2)　コロナ前の留学生の出身地　30

(3)　コロナ後の留学生の出身地　30

6　おわりに―第2章のまとめ　31

第3章 新型コロナウイルス感染症後における マレーシアの観光業 …… 35

1 地球規模でみられた観光産業の成長 36
2 COVID-19のまん延 36
3 マレーシアの観光におけるCOVID-19のインパクト 37
4 オーバーツーリズムからアンダーツーリズムへ 40
5 前提と期待 41
6 バーチャル・ツーリズムは普及するのか？ 43
7 COVID-19の影響をマネージする 43
8 観光の再開―これまで通りのビジネス？ 45
9 COVID-19後の観光ラッシュ 46
10 前途多難 47
11 今後の方向性 48

第4章 日本でのCOVID対策の奇跡の理由―同調圧力への弱さか主体的個人の衛生意識か …… 53

1 日本のコロナ対策が本当に奇跡であったかどうか 54
2 日本人の衛生文化 55
3 コロナ・ウイルス感染対策になる日本の日常茶飯事 57
4 日本の衛生文化と視覚中心主義 62
5 他人の目に触れないプライベート衛生行為 63

6　日本の衛生行為は特に同調圧力に動機づけられているものではない　65

第5章　“おねがい”ベース感染症対策の法的な基礎—感染症法の憲法構造を基軸として……71

1　低い感染水準と小さな法的強制　72
2　「同調圧力」「自粛警察」は感染制御に有効であったか？　74
3　感染症法を基軸とする蔓延防止体制に対する簡単な考察　75
4　きわめて謙抑的な法的強制　77
5　コロナ対策の現実—2010年尾見提言をめぐって　78
(1)　提言の「先見性」　78
(2)　「提言」の現実態　79
(3)　積極的疫学調査とPCR検査体制　81
6　とりあえずの総括と今後の研究課題　84

第6章　中国における機関の連携—COVID-19(コロナ禍)の対応を事例に……89

1　はじめに—本章の概要　90
2　政府機関の相互調整のための規制および規範の背景　92
3　中国行政法における機関相互の制度的な調整組織　94
4　中国行政法における機関調整手続　96

5 組織的調整と手続的調整の制度的選択 98

第7章 コロナ災害への対応と人命・経済への影響—バングラデシュの事例 ……… 101

1 はじめに—大災害に対する包括的理解と回復力 102
2 バングラデシュにおけるコロナと災害対応のメカニズム 104
3 生活のさまざまな側面におけるコロナの影響 106
4 考察—社会から疎外された人々の脆弱性と的を絞った政策の必要性 112
5 結論—脆弱性と回復力（レジリアンス） 113

第8章 日本のワクチン外交とその影響 ……… 121

1 はじめに—コロナと国際政治 122
2 日本によるワクチン外交の展開 123
(1) 多国間枠組みを通じたワクチン外交 123
(2) 「ワクチン提供競争」下での二国間外交 124
(3) 「自由で開かれたインド太平洋」との親和性 126
(4) ワクチン外交のプラットフォームとしてのQUAD 127
3 外交資源としてのワクチンの変容 128
(1) 国際政治における権力と外交資源 128
(2) 権力の構成要素としてのワクチン 129
4 東南アジアの対日認識の変化 133
5 おわりに—人道的目標の達成と戦略的目標の未達成 136

あとがき―本書の各章の独創性，本書全体としての意義，残された課題　140

ENGLISH ABSTRACTS　143

第1章

コロナ禍の国際シンポジウムによせて
―制度と組織

浜島　清史（はましま　きよし）

山口大学大学院東アジア研究科教授。東京大学第二種博士課程単位取得。修士（経済学）。山口大学経済学部専任講師，准教授を経て教授。2023年度から山口大学大学院東アジア研究科教授（2026年度に山口大学経済学部へ復帰予定）。社会政策論・労働経済論・Development Economics等を担当。主な研究テーマは若年雇用問題，アジアの社会政策。「シンガポールにおける高齢者福祉と施設介護」『社会科学研究（東京大学社会科学研究所紀要）』「特集 東アジアの福祉システム：所得保障と雇用保障」2012年第63巻第５・６号，2012年３月など。

1　コロナ禍シンポジウム（シンポ）と制度・組織論への橋掛け

本書の基になっているのは，2023年（2022年度）3月18日の山口大学大学院東アジア研究科の国際シンポ，『東アジアのパンデミック』である。本稿は序論として，その各章の紹介を行なう。前後してこれまで編者が取り組んできた21年（20年度）3月・22年（21年度）3月のコロナ禍関連の国際シンポ「制度と組織―いかに動かすか」の延長線上に位置づける。コロナ禍が発生したのが，2020年（2019年度）であるからそれ以来，毎年担ってきたわけである。もちろん，シンポ以外にも研究発表を重ねてきているが（例えば，山口大学時間学研究所，「新型コロナウイルス感染症の対策としての求職者支援制度の活用」等），ここでは主にシンポを取り上げる。

21年シンポ，22年シンポの根底にあった問題意識は，コロナ禍において露呈した日本の社会制度・組織の問題を炙（あぶ）り出して，如何に動かすべきなのか模索するという方向であった。しかしながら，23年国際シンポにおいては，日本の社会制度の立ち遅れを批判して起動させんとする方向性に実質上異議を唱えている論稿もある。これは重要な指摘であり，編者も再考を迫られることと相成ったので，3節以降において論じていこう。

第1章の核は制度論としての総括的サーベイと経済学的考察であるが，文字通りむすびにかえて山口県と山口大学の取り組みに結びつける。従って，一つの論文としての一貫した展開とは一見見られないかもしれないが，日本における社会制度論的な問題を，これまで編者が取り組んできたシンポジウムの概要を示して先行研究を検討し，そして先進事例としての山口における一端を示すということで繋がっている。これらは独立論稿として既に公表してあるものもあり（『東亜経済研究』2021年8月号），引き続き発表していく予定である。

2　国際シンポジウム2023（本書の基）と制度論への新たな視座

2023年３月18日（土），山口大学大学院東アジア研究科公開Webシンポジウムの項目は**図表１－１**の通りである。

図表１－１／ 東アジアのパンデミックEast Asian pandemic.

開会の辞　谷澤 幸生（山口大学学長）
Bada MOHAMED
ポストCOVID-19のマレーシアの観光：新たな始まり又はいつものビジネス？
Musleh UDDIN Ahmed
コロナ禍への対応と命の経済への影響－バングラデシュの場合
宋華琳，徐曦昊
中国におけるコロナウィルス・ガバナンスの法的メカニズム
立山紘毅
「“おねがい”ベース感染症対策」の法的な基礎－感染症法の法的な構造を中心に
武本Timothy・蔡黎星
日本でのCOVID対策の奇跡の理由－同調圧力への弱さか主体的個人の衛生意識か
八代拓
日本の「ワクチン外交」とその性質
朝水宗彦
COVID-19に伴う日本における人的移動の規制と緩和

アジア各国からは，東アジア（中国），東南アジア（マレーシア），南アジア（バングラデシュ）から高名な学識者を招き講演を行なった。講演者の専門分野は，観光学・ツーリズム（朝水氏・Bada氏），文化心理学（武本Timothy氏），行政学（Uddin氏）・行政法（宋氏）・憲法（立山氏）ら法制度，さらに国際政治学（八代氏）から成り立っている。各氏の専門領域については各章冒頭のプロフィールを参照されたい。

ここでは本書に沿って再構成しよう。

朝水氏「COVID-19（コロナ）に伴う日本における人的移動の規制と緩和」は，「概要」で世界中の人的移動を変えたパンデミックに関して，日本におけるコロナ期の移動規制について，日本政府やNHKの資料を活用しながら時系列的に説明するとしているが，移動制限に関する的確な先行研究を歴史的にも行なっている。そこからカテゴリー別にどのような特徴が見いだされたかについては，あとがきで論じよう（以下，同様）。Bada氏「新型コロナウイルス感染症後におけるマレーシアの観光業」は，コロナ禍における主にマレーシア，そして東南アジア諸国におけるツーリズムの動向について，各種資料を織り交ぜて分析している。特にオーバーツーリズム（観光公害）やアンダーツーリズム（例えば穴場観光）の危険性，レスポンシブル（責任）・ツーリズムとヘルス（健康）・ツーリズムなど，観光学における用語・概念に注目される方もあろう。

武本氏は「日本でのCOVID対策の奇跡の理由―同調圧力への弱さか主体的個人の衛生意識か」というタイトルに見られるとおりの議論を，公私の衛生行為に対する主体的動機づけの国際比較調査を元に，数量的な実証研究を通じて検討している。兎も角，比較文化的に面白いので是非具体例を楽しんで頂きたい。立山氏“おねがい”ベース感染症対策の法的な基礎－感染症法の憲法構造を基軸として」は，日本の新型コロナウイルス感染症対策が感染者と死者を比較的低い水準に抑えることができたのは，「同調圧力」というよりも，ワクチン接種に見られるように，市民が自発的に感染を制御する方向で行動したと推論する方が合理的であるとする。なお同調圧力については，立山氏が論理的に批判・論破したところを，武本氏は統計学的に実証したといえよう。

宋＝徐氏「中国における機関の連携－COVID-19（コロナ禍）の対応を事例に」によると，中国大陸では，31の省行政区と333の市行政区の全てに「緊急対応司令部」「指導グループ」「共同予防統御機構」が設置され調整任務が遂行された。調整組織には「審議調整機関」「党・政府指導グループ」「ワーキンググループ」「政府内部機関」などが含まれる。この調整ガバナンスは，公的組織の法的ガバナンス，組織内部の管理システム，そして政策策定を組み合わせている[1]。Uddin氏「コロナ禍への対応と人命・経済への影響―バングラデシュの事例」は，コロナ禍に取り組む政府の対応メカニズム，バングラデシュ市民の生活への短期的・長期的影響と，これらの対策が市民に及ぼす経済的影響を評価する。医療能力の向上，社会的弱者への支援，食糧安全保障と社会福祉の対策など，的を絞った介入の必要性があるとしている。八代氏「日本のワクチン外交とその影響」は，コロナ禍における日本のワクチン外交において，国際政治学の観点からその学術的総括を試みている。その際，COVAX，Gavi，

CEPIといった国際的な組織に注目される方もあろう。ウェーバー，ナイ，ハイエクといった理論的枠組みに基礎づけられた議論が展開される。その結果，何が見いだされたかは，あとがき，で論じよう。

どれもそれぞれの専門分野において秀逸なものであろうが，本節での最後に他の節との結び付きを示すべきであろう。それによって本章において論文としての一貫性をもたせるべきであろう。これらのうち，とりわけ制度や組織に関するものとして，宋＝徐と立山を挙げることができよう。編者がこれまでのシンポとの流れで注目すべきは，立山である。

編者も，ともすれば，社会制度と組織をいかに動かすかという視座から，もっと国家がコマンド＆コントロール的な機能を強化すべきであるという見解であった。しかしながら，立山はまずは社会保障を充実させるべきであり，それが憲法や法律とも整合的なのであるという（あとがき参照）。それは単なる護憲というよりも，憲法や法の精神，その背景にある理念を想起させる。

3　これまでのコロナ禍に関するシンポジウムの総括

編者主催のコロナ禍のシンポジウムに関しては，21年３月末，**図表１－２**に示した一連のシンポジウムを行なっている。

図表１－２　『東（南）アジア諸国におけるコロナ禍に関する社会制度・組織－いかに動かすか－』（21年３月末）

(1)「シンガポールにおける新型コロナの現状と対応」
本田智津絵：ジェトロシンガポール・アナリスト
(2)「COVID-19における台湾の社会的リスク：曝露，脆弱性，強靭性の分析」
林宗弘（Lin, Thung-Hong）：台湾・中央研究院社会学研究所研究員・清華大学兼任教授　災害社会学専攻
(3)「コロナ禍における日中韓の社会制度・機構－いかに動かすか－」（敬称略）ABC順
＜日本＞上 昌広：医療ガバナンス研究所　理事長
＜韓国＞金 明中（KIM,Myoung-Jung）：ニッセイ基礎研究所主任研究員
＜中国＞王 広濤（WANG Guangtao）：復旦大学准教授
＜パネラー＞
上 昌広・金 明中・王 広濤＋山口大学経済学部教授；陳 禮俊，袁 麗暉，岩本 晋，鈴木 明（労働問題専門家・韓国在住）

既に21年３月シンポジウムの方は「シンポジウムの概要と展望」として『東

亜経済研究』（2021年８月号）に掲載している（**図表１－３**）。図表１－２中の(3)の各タイトルの内容もそこに掲載されている。

このシンポの要旨は既に『山口経済雑誌』第71巻第１・２号（令和４年７月31日発行）において纏（まと）められている。同雑誌の以下の記述だけで，流布されている情報よりも，要点が明確になったことが窺い知れよう。

> 中国において，完全なロックダウンは武漢だけであり，その後の大連や遼寧省，江蘇省等においては部分的なロックダウンに過ぎない（王広涛)。「台湾における感染拡大防止のコア戦略は，国境からの露出度の遮断，水際作戦である」（林宗弘)。「日本型モデルの特徴は，厳しい規制をしないことで，経済ダメージは最も大きい」（上昌広)。韓国の感染防止策に関しては，実に体系的かつ詳細に明らかにされた（金明中)。シンガポールにおける司令塔（国立感染症センター）の存在，コロナ患者の公立・私立病院への指定，自宅療養はなく軽症者には別途リゾート施設等への収容（本田智津恵各氏）等が明確になった。本学内外の識者との交流を経て，今後の日本とアジア諸国の感染症政策の道標となる取り組みであった。制度・組織の課題として，医療機関の機能別分担と連携・機動性等が焦点化しているが，更に医療資源の分配，規模の経済性，公共財等の経済学的な解明が求められよう。

図表１－３／『東亜経済研究』第80巻第１号令和３年８月

特集：シンポジウム「東南アジアにおけるコロナ禍に関する社会制度・組織ーいかに動かすかー」によせて
「東南アジアにおけるコロナ禍に関する社会制度・組織ーいかに動かすかー」シンポジウムの概要と展望（浜島清史）
「シンガポールの発展戦略におけるアジアのハブ構想ーヒトの移動の観点からー」(坂口可奈)
「韓国における新型コロナウイルス感染症の現状と感染拡大以降の経済や社会状況」(金明中)
「台湾における新型コロナウイルスのリスク管理：歴史的機会，暴露，脆弱性，強靭性に関する予備調査」(林宗弘，陳禮俊 訳)
「台湾における感染症医療ガバナンスの政策分析：COVID-19対策に関する考察」（陳禮俊）
「中国におけるCOVID-19感染拡大防止の制度・組織ー社区を中心にー」（袁麗暉）

これに対して，22年３月シンポ『コロナ禍に関する社会制度・組織－いかに動かすか－Ⅱ』（令和４年３月13日開催）は，コロナ禍における地方自治体と地方国立大学における対応，そこで制度と組織をいかに動かしているか，探る試みであった。これに国家・厚労省がどのように対応しているか，元厚労大臣に問うことが予定されたが，後年に延期されることとなった[2]。

22年３月シンポについて特筆すべきは，山口県と山口大学附属病院から参加者があり，それらの特徴的な取り組みに関してコメントされたことである。これらは全国においても先進的な取り組みであることが後に判明するが，先駆け的にWeb公開したわけである。これは本章５節で論じよう。

22年３月シンポに登壇したのは阿南英明氏（新型コロナウイルス感染症神奈川県対策本部医療危機対策統括官）と島田眞路氏（山梨大学学長，前山梨大学医学部付属病院長）である。以下，その内容を紹介する。

(1) 阿南英明「コロナ対応策構築によりあぶり出された我が国に内在する医療課題」

阿南氏は，新型コロナウイルス感染症に関して，中等症（重症－軽症の間）の概念を提起し，中等症専門の「重点医療機関」を創出し，黒岩祐治神奈川県知事を通して加藤勝信（前）厚労大臣に提案し，全国に普及させた[3]，今日に至るまさに「神奈川モデル」の実質的な創設者である。同氏講演の主だったところ，とりわけ制度・組織の機動に関するところ，を抽出していこう。

・緊急医療体制「神奈川モデル」では機能集約と役割分担

神奈川モデルにおいては，重症者は高度医療機関（救急救命センター・地域基幹病院），中等症は重点医療機関と同協力病院，無症状・軽症はモニタリングを伴いながら自宅療養や宿泊施設に入所するというものであり，それを神奈川県調整本部が調整する。感染の疑いがある人が，帰国者・接触者相談センターで受診調整を受け，帰国者・接触者外来など医療機関で診察・検査を受けた後に，患者受入・搬送などの調整が行なわれる。そもそも重症・中等症・軽症の３種に分類したのが，阿南氏であった。さらに情報管理システム「G-MIS」により，病床情報・医療従事者／機器／資材情報・搬送依頼（情報）が，医療機関・保健所・集合検査場・宿泊施設そして調整本部を結んで見える化している。これはサイボウズのKintoneをベースとしている。G-MISは全国で運用されるようになる。これは5節でみる山口県におけるYCISSと同様のシステムといえよう。

患者の出口問題に関しては，後方搬送マッチングシステムが神奈川県調整本部により行われている。重症→中等症→軽症（陽性または陰性）の過程において，高度医療機関→重点医療機関→協力病院・一般医療機関（陰性の場合）または地域医療機関（陽性の場合）といわゆる下り搬送が調整される。さらに無症状化すれば自宅または施設での受け入れとなる。ここで協力病院・一般医療機関は136病院725床ある。逆に感染爆発期の場合は，無症状 or 軽症／自宅・宿泊施設→中等症／重点医療機関へと「上り」の対応となるが，この間に「かながわ緊急酸素投与センター」が介在する。

他にもC-CAT（Corona-Cluster Attack Team）等が紹介され，「濃厚接触者特定と行動制限が社会活動維持の弊害の要因になる」といった主張が展開されたが，結語としては，個々の施策の組み合わせではなく戦略視点での設計図の中に戦術（施策）構築が必要であるとされた。

このように，阿南氏によって創出された神奈川モデルは，役割分担・機能分化と連携に関する典型的なモデルといえよう。医療逼迫への対応としての病床拡大に関しても，病床キャパシティの拡大は，単純に例えば100床の病床を物理的に用意するというのではなく，効率化というベクトルがあるべきで，50床の病床で如何に運用できるようにするかという考察が必要であるとしている。このことは4節の制度論経済学における概念における，機能分化と連携・規模の経済性・資源配分の効率性の統合（止揚）に値しよう。

一方的に評価点を挙げるだけでなく，批判点も指摘するべきであろう。まず当時の神奈川モデルに対して，入院させずに自宅療養とした時点で敗北だという批判もあったことを指摘しておく（メールのやりとりだけであったので，氏名は伏せておく）。それに関連することとして，当日のシンポで，21年3月シンポ・『東亜経済研究』令和3年8月でもコメント・執筆をした陳禮俊氏が，台湾モデルと比較し，陽性者の追跡を断念したという事態を神奈川モデルの限界であると主張している。台湾モデルでは，高度な情報システムによってそれが克服されていたのである。

(2) 島田眞路「新型コロナの猛威　山梨大学の奮闘―コロナ禍における地方国立大学の対応」

当日のスライド百枚に及ぶ汗牛充棟な資料と講演から，最もポイントとなることを挙げよう。まず山梨大学医学部附属病院の立ち位置：県内唯一の特定機能病院であること，感染症指定医療機関ではないこと，県立中央病院に次ぐ病床規模であること。次に，島田・荒神［2020］に基づく日本と世界各国の比較，PCR検査数（伸びの鈍さ）・感染者数・死者数（欧米とアジア），ダイヤモンドプリンセス号の患者受入れ（2020年２月），大阪府や沖縄県への看護師派遣（2021年４月～７月，第４波アルファ株），ここで特に制度・組織の稼働・動員におけるリーダーシップが注目される。全診療科による診療チームは2020年３月23日と早い時期にできている。ここは５節の山口県の事例と呼応するところである。そして，20歳代の髄膜炎／脳炎患者という貴重な症例，乳児の感染の症例，PCR検査体制とドライブスルー PCRの実施，ワクチン接種への貢献と続く。

そして「医療強化型宿泊療養施設が県内３カ所のホテルで運営開始，2022年１月から」。これは臨時医療施設の魁（さきがけ）といえよう。同施設は第６波オミクロン株による感染爆発を受けて全国的に創出されていったものである。この施設において，情報管理システム，SINGEN（Smart Health Information Gathering &Evaluation Network）が構築された。すなわち，医療療養施設では，紙と電話での情報収集・共有が行なわれていたが，患者入力をベースとした患者情報管理システムが構築されたという。これは５節でみる山口県YCISSと呼応する。また神奈川県では，「G-MIS」に当たる。各都道府県の情報管理システムに関しても比較研究が望まれよう。SINGENはマスコミ（フジテレビ，テレビ朝日，産経新聞等）で紹介された。それに比べてYCISSは知名度が高くない。積極的な情報発信が望まれ，本書が聊（いささ）かでも寄与することを願うものである。

さらに，附属病院におけるコロナ対応と通常診療の両立；コロナ専用病棟拡大と一般病棟の稼働率向上，両立が進められた。山梨大学におけるコロナ病床確保状況は，確保率（9.7％＝病床確保数60／病床数618）で全国１位である

(2021年12月時点)。ちなみに東京医科歯科大は3位である(8.1%=病床確保数61/病床数753)。講演では,当時のオミクロン株の流行状況と今後の見通しも論じられているが,それは置こう。

なお,山梨県の医療体制は,全陽性患者の情報→地域保健所→山梨県情報班→①ファーストケア班→入院調整班とつながり,ここから入院療養,②ホームケア班,宿泊療養班(医療強化型ホテルSHINGENと通常型ホテル),③退所後ケア班となっていく。これが山口県においては,陽性患者の発生→各保健所への連絡→県調整本部(県庁・コロナ室)→医療機関への連絡・受け入れ決定→患者の入院となっている。重症・中等症Ⅱが重点医療機関,中等症Ⅱが入院協力機関,中等症Ⅰ・軽症が入院協力機関,無症状,軽症等が宿泊療養・自宅療養,これら医療機関間で症状の変化により上り・下りがある,さらに後方支援医療機関がコロナ回復患者のリハビリ等を受け入れる。用語や機関の相違はありえよう。

これらから国による青写真があり,各都道府県でアレンジしていることが窺える。国よりまず地方で先進事例があり,それを国が推奨し,全国に広がっていくのであろう。コロナ禍におけるより具体的な解明を期したい。なお上記シンポ当日,批判点としては,ある程度強権的な手法を用いないと医療資源の動員はできないのではないかという疑義が呈されたが,リーダーシップにコマンド&コントロールはつきものであり,今後深められるべき論点であろう。

4　制度論としての総括と経済学的考察の進化

ここではコロナ禍に対する現時点での制度論的視座の到達点と総括を試みる。まず浜島[2021]から要点をまとめる。鈴木[2021ab],高久[2021]が経済学を踏まえた制度論の双璧をなすと思われるので,その主張を組み込んでいき,そして分科会メンバーである小林他[2020・2021]から経済学的解釈に結合し,さらに近代経済学主流派への批判という形で結ぼう。

(1)　制度的課題の整理と経済理論的把握

前述の21年3月シンポを基にした『東亜経済研究』21年8月号で以下のよう

に列挙した（浜島［2021］）。今回，経済理論的解釈をより付け加え，鈴木［2021ab］・高久［2021］・小林他［2020］等の論客の議論を整理し，脚注等縮小して再掲しよう。すなわち，日本においては以下４点において課題があった。

① 医療資源の配分の非効率性

医療資源の不足としては病床・医療スタッフさらに病床専門医・ICU・治療機器等が挙げられる（渡辺・よしかわアキ［2021］７他）。さらに公立病院が少なく，民間中小零細病院が多過ぎること（鈴木［2021ab］第三章，高久［2021］①）[4]。この中小零細性という二重構造の問題が，日本の産業構造の問題なのであり，それが医療においても現れている。しかも，他の産業であれば，まだ不況期になれば合併が起こるはずが，規制に阻まれてそれすらできない。小林（［2021］６，95）は，コロナ対応が不十分だった理由は，医療資源の配置の仕組みに非効率があったからと総括している。なお①は②に関連していることが，その内容から判ろう。

② 規模の経済性・選択と集中の必要性

公的医療機関を含む大病院における病床数が少ないこと・コロナ感染者受け入れ人数が諸外国に比較して少ないこと（鈴木［2021ab］第四章・第五章，高久［2021］③⑧⑨），医療器具（ECMO）等も分散していること（高久［2021］③）。この公立病院への選択と集中が困難なのは，日本においては伝統的に自由診療とフリーアクセス制度による民間医療機関中心の発展がなされてきたからである。（歴史的経路依存性）

③ 動学的資源配分

機動性（森田［2020］）・動員・コマンド＆コントロールの不足，感染拡大縮小に合わせられる機動性が欠如している。欧米はICU・病床数を感染者数にあわせて増減できる。

ここで③は単なる静学的な資源配分の効率性だけでなく，その効率性を如何に機動されるかという時間軸を持つ動学理論に関わることである。

④　分業と協業あるいはネットワーク論

重症－中等症－軽症等症状別医療関係機関の役割分担と相互連携の欠如（渡辺・よしかわアキ［2021］140，141，鈴木［2021］第六章，高久［2021］⑤⑨)。なお分業と協業は政治経済学・マルクス経済学的な用語である。

鈴木（［2021］第八章）はさらに政府のガバナンス不足を批判している。その上，根本的な問題（急性期病院・慢性期病床の乱立，かかりつけ医・プライマリーケア・専門医の未確立，１日当たりから１人当りのDPCへの転換)，その他の問題（法的な不備，コロナ患者当たり必要医療従事者数，ゾーニング改築のコスト等々)，が挙げられる（浜島［2021］)。今後，公立病院における重症者の受け入れ集中を図っていく必要がある。その後は，公立病院自体の比率を高める政策が必要となってこよう。これが最も難題である。

総じて，コロナ禍における制度論と関わる経済学理論としては，資源配分の（非）効率性（民間中小零細病院の二重構造)，規模の経済性（大病院のコロナ患者の受け入れが極めて少ないこと・それが増減できないこと)，それらを結び付ける動学的資源配分，それらを貫く医療における情報の非対称性・不完全性，と総括しうる。しかもそれらの要素が相互に関連している。さらに政治経済学的な分業・協業論で機能分化・連携の考察が深められるべきであろうし，医療における二重構造は経路依存性から歴史的に考察されるべきだろう。

(2)　経済学批判として

近代経済学においては，通常，自由な市場・競争が是とされ，市場の歪みをできるだけなくすように規制緩和が求められる。だが，医療においては異なる様相を呈する。自由診療制・フリーアクセス制の全面的見直しの必要性等（渡辺・よしかわアキ［2021］24，154）が主張されている。近代経済学者もフリーアクセスを批判している。小林慶一郎は，ユニバーサルアクセス≒フリーアクセスは，医師や看護師を中小規模の病院に分散させ，専門性の涵養を妨げ，結果的に感染症に対応する能力を衰えさせ，それが故にユニバーサルアクセスを制限することが肝要であるとしている（小林・佐藤［2021］95，112)。さらに，鈴木［2021ab］は「自由過ぎるフリーアクセス」(116，120，126，160)

と「自己完結型（病院完結型）」の問題まで指摘している。付言すれば，日本のフリーアクセス制度は，病院数過多で患者が分散し，結果として治療の質を低めている可能性があるということである。

つまり単純な個による自由競争を批判し，全体最適が望まれる。これは情報の不完全性があり，市場が失敗するからだといえるが，単なる市場の失敗に留まらず，自由市場競争の失敗，そこでは競争よりも協調が求められるというより高次元の概念にまで高められるべきだろう。[5]

なお小林［2020］は，「ポストコロナ八策」を提示し，多くの著名な経済学者の賛同を得ている。これにはデジタル化の進展も当然のように含まれる。神奈川県G－SIS，山梨県SHINGEN，山口県YCISSなどの情報管理システムとの関連からも言及しておく。

5　むすびにかえて ―事例としての山口県と山口大学の取り組み

文字通り結びに代えて，地方における取組事例として，ここ東アジア研究科のある山口県と山口大学（以下，山大）の例をみておこう。本書の基となった23年３月国際シンポジウムにおいて，山大学長の谷澤幸生氏が開会の挨拶で，山口における取り組みに言及している。

慶応義塾大学の印南教授は，日本経済新聞の全国紙版「経済教室」において，「先進的な取り組み」として山口県の事例を紹介している。それによると当初はできてきなかったクラウド型システムが第５波（21年７～11月）では開発され，感染者数の把握（保健所）から治療・入院場所の選定，そして患者の療養施設への移動に至るまで，医師・保健師・介護施設関係者・行政関係者が情報を共有できるようになったと賛辞している。

実はこの内容は，山大医学部附属病院が主体として行なってきたことなのであり，編者主催の2022年３月のシンポジウム時に山大医学部附属病院の鶴田良之氏・松永和人氏・山口県庁健康福祉部新型コロナウイルス対策室（以下，山口県庁。氏名は敢えて出さない）らによって配信されたことなのである。それがYCISSである。当時，編者からすれば，山口県においては，コロナ対策の発信が目立たなく，見えにくいものであった。山梨大学の島田学長からも県民に知られているのかという疑義が呈された。恐らく多くの山口県民がいまだにそう思っているのではないか。それともう一つ，山大医学部附属病院の特徴的な取り組みとしてYUMECOが挙げられる。

山口県におけるコロナ対策を体系的に論ずることは，重点医療機関・協力医療機関・保健所・後方支援病院等全てを網羅するべきであり，その中で増減床を実施し，上り下り搬送状況まで把握することである。紙幅の都合上もできないので別稿を期す。ここではYCISSとYUMECOに関して概要を述べ，この章全体を結びたい。

(1) YCISS (Yamaguchi COVID-19 Information Sharing System)

まずYCISSからであるが，2022年３月シンポジウムから鶴田良之氏と山口県庁担当者の方の発言を基に，それに日経記事を加えて纏(まと)めておこう。山口県では新型コロナ患者の入院調整に関連する県下の全ての保健所（支所含む計９施設），重点医療機関（７施設），入院協力医療機関（28施設）を対象に導入されている（日経2021年８月17日）。医療提供体制は，都道府県の所管であり，山口県では山口大学と連携してやっている。陽性患者が発生すると，各保健所へ連絡が行き，そこで症状の詳細や移送時間の調整の連絡が行なわれる。それを県調整本部で一括管理して，医療機関へ連絡して受け入れを決定している，ここがポイントであろう。

山口県では，毎日のように病床使用率，重症が何人，中等症Ⅰが何人，中等症Ⅱが何人と，マスコミから報道されている。全部YCISSのデータである。症状の程度も毎日その都度定期的にみている。当初，山口県では第４波アルファ株までは全国的にも患者数が多くなかったこともあり，紙ベースで保健所が集計してやりとりをしていた。保健所からくる患者情報を県の調整本部の方で医療検査してもらえるかいちいちやっていて，「本当に地獄のような日々」だったという（山口県庁）。山口県庁健康福祉部新型コロナウイルス対策室が対応し，逼迫状況に応じて応援が入る。YCISSは患者情報共有できるシステムを県として開発して，そこから各病院，それから保健所，宿泊療養，と共有をしている。第５波までは宿泊と入院患者だったが，第６波，オミクロン株により22

年１月に米軍基地のある岩国市で感染爆発が起こった頃，自宅療養へと方針転換したので，YCISSも爆発的に増えていた自宅療養者にまで広げた。患者情報を簡潔化して全ての関連する医療機関へ送り，そういった情報を瞬時に関係者が共有でき円滑化するようになった。しかしながら，患者の個人情報があり，それを守ることで見え難さに繋がっているようである。医療機関においては，各自の医療機関の患者しかみることはできない。瞬時に個人情報を関係者の間で共有し，症状程度により，当院で引き受ける，難度の高い場合は山大医学部附属病院で対応するということになるが，情報管理をオープンできないところもある。とはいえ，より県民の方にわかりやすくアピールするというのは22年３月講演会におけるディスカッションによって，県として一つの課題であると受け止めたので，一層，理解促進をやっていきたいということであった。

このように，YCISSは全国的にも先進的な取り組みとして挙げられ，症状別役割分担状況と上下の連携，すなわち感染者数の把握（保健所）から治療・入院場所の選定そして患者の療養施設への移動に至る連携を，医療・行政関係者がリアルタイムで情報共有できるシステム・制度である。[6]

(2) YUMECO（Yamaguchi University Medical COVID-19）

一方，YUMECOは新型コロナウイルス感染症に対する山大医学部附属病院における取り組みであり，60名の多職種から構成されるコロナの対応チームである。YUMECOは病院における特定の部門だけが対応するのではなく，全診療科・職員が取り組むことが特徴であり，感染症病棟を輪番医制とした。長期戦を見越してである（22年３月シンポより）。このように全診療科・職員が協働する組織的制度である。以下，まず地元紙の宇部日報における特集を基に纏（まと）め（充実したインタビュー調査を行なっている），22年３月シンポより関係者による資料と発言で補足しよう。以下，なお氏名や役職は当時の新聞報道のまま掲載する。

山大医学部附属病院（杉野法広病院長，756床）は，山口県唯一の特定機能病院であり，１日平均1125人の外来患者を診療している。2020年からのコロナ禍対応においても通常診療と併行して感染症対応を行なってきた。2020年４月15日，コロナ対策チームYUMECOを立ち上げた。緊急事態宣言の前日である。

2020年5月中旬，概ね方針を固め，体制を整える。現在も山大医学部附属病院の対応システムの基盤である。メンバーは医師，看護師，臨床検査技師，診療放射線技師，薬剤師，管理栄養士，保健師，事務職員の計43人（当時）。呼吸器・感染症内科長永松和人副病院長が中心で，以下の6部門がある。重症対応・手術部門，入院診療体制整備部門，外来診療体制整備部門，医療機器・材料・薬品・検査体制部門，職員管理・地域連携部門，感染症病棟管理部門である。ここで感染症病棟は各診療科で輪番制である。発熱トリアージ外来も各診療科の輪番制である（宇部日報）。まず入院・外来そして機器・薬品を確保し，それから病棟を設置した。これらに加えて非常に重要だったのが，地域連携・職員管理の部を立ち上げたことである（21年3月シンポより）。これにワクチン接種管理体制が2021年2月から加わり，計7部門となることになる（宇部日報）。

各部門で課題を協議検討し，週に1度の本会議で提案，策定する。松永チームリーダーの司会のもと，杉野病院長，看護部長，事務部長らが同席して即座に方針を決める。患者の受け入れまでに，運用ルールを決めて各部門に周知徹底した。輪番医は1週間に3人を選出。看護師も専従ではなく4週間交代で回した。期間を設定したことで，モチベーションを維持でき，全職員体制のバックアップも円滑に進んだという（宇部日報）。さらに宇部日報では，もっと詳細に，輪番制，そのための医療スタッフ用の宿泊施設，入院患者の面会制限・入館制限，運用マニュアルの改善，かかりつけ医への伝達，感染症病棟の開閉と軽症・中等症患者，先進救急医療センターの即応病床の増床，ワクチン接種体制管理部門と副反応対応の輪番制，等に言及されている。但し，これらの幾つかの項目は，編者も頂いている松永氏のPDFファイルに更に詳細に纏められているところもある。

実は，この詳細な報道よりももっと対応は早かったのである。新興感染症に対する附属病院の業務継続計画BCPができたのが，20年2月，山口県における最初の感染者が3月4日だったにもかかわらず。3月4日の10日ほど前，早くも2月28日には，発熱トリアージ外来がオープンしたが，増室はするものの，当初は感染制御部が主導で非常に限られた人数で担った。20年2月の医学部の教授会時に（第2水曜日，2/12），附属病院の全診療科でコロナ対策をすること，通常の診療機能と感染対応を両立させること，等の課題の共有が行なわれた。

「コロナも感染症はすべての人の医療にかかわる共通課題だ」ということがもう既に２年前に山大医学部附属病院の全診療科で共有できていたということが非常に大きかった。当時，多くの県・大学では，感染症内科や呼吸器内科など非常に限られた病院，限られた特定の部門・部署がコロナを診ていたという。それだとスタッフが疲弊し，通常業務に支障をきたす（21年３月シンポより）。これらのことは，黒田［2020］が示しているように，勤務体制と医療従事者の健康問題への対応に関することなのである。すなわち，編者の専門・担当である労働経済論，社会政策論と親和的な問題なのである。

以上，第１章において，５節における22年３月のシンポにおける山口県の事例により，３節における国家統制を強めるよりもまず社会保障を強化すべきであるという23年３月国際シンポの一議論を踏まえて，４節の制度・組織のサーベイにおけるとりわけデジタル的な対応の部分を強調し，もって役割分担と連携・協力の体制を作り上げることが可能であることが示唆されているといえよう。

◉注

1　中国における社区の役割については，編者主催の21年３月シンポジウムで袁［2021］があり（『東亜経済研究』2021年８月収録），また佐藤編［2021］はアジア経済研究所によるコロナ禍分析の書であるが，その第３章で社区の分析が行なわれている。

2　22年３月シンポに関しては，未だ21年３月シンポのように，『東亜経済研究』等に概要を示していないが，近く公刊したい。

3　山岡淳一郎［2020］「コロナ戦記 第３回 ダイヤモンド・プリンセス号で何が起きたか」『世界』2020年12月号他。

4　高久［2021］の①から⑨は掲載記事の番号。

5　もっとも，競争と協調のバランスという議論に舞い戻っていくことも十分予想可能である。

6　YCISSとは，（1）医療機関・宿泊療養施設・保健所等の関係機関が入院状況や患者情報を入力するとともに，（2）自宅療養者が自らの健康状態を入力することにより，症状別役割分担状況等をリアルタイムで可視化する情報共有システムのことである（山口県ホームページより編者修正）。

◉参考文献

岩本晋［2020］「コロナ蔓延で医療崩壊はなぜ起きる」（未定稿）

印南一路「コロナと医療提供体制上：自治体越え国の関与強化を」日本経済新聞2023年３月９日（金）

宇部日報2021年４月28日（水）４月30日（金）５月１日（土）「コロナ禍に生きる 山大病院YUMECO上・中・下」

黒田祥子［2020］「新型コロナウイルスと労働時間の二極化－エッセンシャル・ワーカーの過重労働と日本の働き方改革」小林慶一郎・森川正之編［2020］『コロナ危機の経済学－提言と分析』日本経済新聞出版所収.

小林慶一郎・森川正之編［2020］『コロナ危機の経済学－提言と分析』日本経済新聞出版.

小林慶一郎・佐藤主光［2021］『ポストコロナの政策構想』日本経済新聞出版.

島田眞路・荒神裕之［2020］『コロナ禍で暴かれた日本医療の盲点』平凡社新書.

ジェトロ・アジア経済研究所 佐藤仁志編［2021］『コロナ禍の途上国と世界の変容－軋む国際秩序，分断，格差，貧困を考える』日本経済新聞出版.

鈴木亘［2021ａ］『医療崩壊 真犯人は誰だ』講談社現代新書.

鈴木亘［2021ｂ］「コロナ禍と医療提供体制の課題」『學習院大學經濟論集』巻58号 3, p. 203-225, 発行日 2021-10

高久玲音［2021］「高久玲音 コロナが問う医療提供の課題①～⑨」日本経済新聞2021年５月７日（金）～19日（水）に掛けて連載。

日本経済新聞2021年８月17日「コロナ入院調整を『脱ファクス』山口県が新システム」BP速報 https://www.nikkei.com/article/DGXZQOUC171N70X10C21A8000000/

浜島清史編［2021］『東亜経済研究』第80巻第１号 令和３年８月「特集：シンポジウム「東南アジアにおけるコロナ禍に関する社会制度・組織－いかに動かすか－」

法律時報増刊（2021年１月）『新型コロナウイルスと法学』日本評論社.

森田洋之［2020］『日本の医療の不都合な真実－コロナ禍で見えた「世界最高レベルの医療」の裏側』幻冬舎新書.

渡辺さちこ・アキよしかわ［2021］『医療崩壊の真実』エムディエヌコーポレーション.

第2章

COVID-19（コロナ）に伴う日本における人的移動の規制と緩和

◉要旨

COVID-19（コロナ）によって引き起こされたパンデミックは，世界中の人的移動を変えた。2020年初頭，日本を含んだ世界の多くの国々は国際移動を制限した。この章では日本における新型コロナ期の移動規制について，時系列順に説明する。最新の入国管理について日本政府のウエブサイトで見つけることができる。しかし，これらの政府のウエブサイトのホームページは，法務省関連のものを除いて，アーカイブスの使い勝手が良くない。そのため，この章の筆者はNHKのWeb版の放送アーカイブスを活用し，移動規制の詳細についてチェックした（https://www3.nhk.or.jp/news/special/coronavirus/immigration/）。

朝水　宗彦　（あさみず　むねひこ）

山口大学大学院東アジア研究科教授。秋田大学教育学部卒業，学士（教育学）。桜美林大学国際学研究科修了，修士（国際学），博士（学術）。旧北海学園北見大学講師，立命館アジア太平洋大学講師を経て現職。専門は経済地理学，国際関係論。元々はオセアニア地域における日本人観光客や語学研修生を主な研究テーマにしていたが，近年では地方におけるインバウンド観光や留学生受け入れ，外国人労働者などを対象とすることが多い。主な著書『Tourists, International Students, and Global Workforce』（Saganoshoin: 2019），『集客交流産業と国際教育旅行』（くんぷる：2016）。

1　はじめに―第2章の概要

この章では，コロナパンデミック期の日本における渡航規制について時系列的に説明する。2020年4月から2022年10月まで，個人で短期訪問の観光客は原則的に日本に入国できなかった。他方，この間，在日外国人やビジネス客は日本に訪問できることもあった。

留学生はレジデンシャル・トラックの一環として扱われたが，いくつかのカテゴリーに分けられた。留学生で，既に日本の学位コースで学び，一時的に母国に帰国していたものは，優先的に日本に戻ることができた。他方，学位コースではない学生，たとえば研究生や交換留学生，語学コースの学生で，学生ビザを持っているものは，長らく来日許可を待たなければならなかった。

2　コロナ禍における移動と移動規制に関する先行研究

(1)　感染症対策の歴史に関する先行研究

コロナでは世界各地で人的移動の規制が行われたが，それ以前から感染症に伴う移動規制は行われてきた。Totten［2012］はアメリカ合衆国における感染症による入国規制について，歴史的な変遷をまとめている。19世紀のアメリカではコレラなどの感染症が何度か流行し，1891年にはニューヨーク港において20日の検疫隔離を実施している（Totten［2012］p.21）。

他方，第一次世界大戦期には，いわゆるスペイン風邪のパンデミックがあったが，戦時中であったことや細菌より小さいウイルスが発見されていなかったこともあり，一部の都市で行われていた隔離政策の全国的な拡大は実施が困難であった。ただし，都市によって感染防止の効果が異なっていたことから，後に要因を探り，公衆衛生に関する意識が高まっていった。

電子顕微鏡の開発によりウイルスが発見されるようになったが，Malcolm［2014］は20世紀のアメリカ合衆国におけるインフルエンザの感染者数とその広がりの歴史的な変遷をまとめ，インフルエンザの脅威が右肩下がりに減少していることを解明した。一部発症率が高い地域もあるが，インフルエンザのようにウイルスが発見され，感染経路も確定された感染症に関しては，アメリカでは十分対策が取られるようになった。

(2) 移動制限の問題点に関する先行研究

感染症に対し，日本のように海で囲まれた国では，水際対策が有効である。他方，あまりにも厳格な水際対策は，住民が帰国できない問題を生ずる。近藤［2015］はエボラ出血熱など，新たに発見され，治療法が確立されていない場合の，国家の安全保障を目的とした渡航制限の合法性について考察している。コロナ禍以前の論文ではあるが，コロナ禍の最初期に帰国を拒まれた日本人や海外旅行中の在日外国人の再来日の制限が数か月続いたことなど，関連した問題が起こり，今後とも同様の議論を続けていく必要がある。

ウイルスが発見されていなかったスペイン風邪のころと異なり，世界的なパンデミックに対する国境を越えた感染症の対策も整備されてきた。つまり，感染症対策として，上記のように渡航規制や感染者の隔離が行われるようになった。コロナ期に出版された川村［2020］は，コロナ禍に対するWTO（世界保健機関）やIOM（国際移住機関）など国際機関の勧告や日本政府の閣議議事などを時系列順にまとめている。

感染者の数を調べるだけでなく，感染症の拡散に関する社会的な要因について研究したものも少なからずある。Ehlert と Wedemeier［2022］は，ドイツにおける症例数，学者の割合，地域の平均年齢，農村部の立地など，社会的，政治的，経済的な要因からコロナ期の人的移動について考察した。Zein et al.［2022］は，フランスのリヨンにおけるコロナ期の公共交通機関の利用の減少を，仕事などの家庭外活動の減少とそれに伴うテレワークの増加であると分析している。

しかし，コロナ禍は急速に世界中に拡散したこともあり，専門家の研究が必ずしも感染症対策に十分生かされたわけではない。Roelofs et al.［2022］は，各国のロックダウンはいささか感情的で，科学的な移動パターンに基づいて実施されていなかったことを指摘している。同研究では，オランダの空間的な移動パターンを分析し，国家のロックダウンに代わるものとして地域の移動制限策を検討した。

(3) コロナ期における移動に関する先行研究

なお，感染症対策として，マクロ的には渡航・移動規制が行われるが，規制には例外もある。コロナ禍にて国内外で移動規制があった時でも，一部の人々は自由に移動できた。特に，自家用航空機や自家用船舶を有する富裕層は公共交通機関の移動制限があっても自由に移動することができた。富裕層の旅行に関してはデータ的には集計しにくいが，個別のケースとしてマスコミではしばしば取り上げられた（Bruggeman［2021］Web)。特に，コロナのワクチンが不足していた時，富裕層や経済的に余裕がある人々が国外にワクチン接種を行いに出かける，いわゆるワクチン・ツーリズムが注目された。

コロナ禍の富裕層の移動を専門に扱っているわけではないが，IPS（Institute for Policy Studies）は環境保護の面から，プライベートジェットやビジネスジェットに否定的な評価を行っている。同団体の出版物『HIGH FLYERS 2023』によると，利用者は富裕層だけとは限らないが，全世界のビジネスジェットのフライト数は，2018年の450万回から2022年の540万回に増加している（IPS［2023］p.10)。世界のビジネスジェット売り上げも，2019年の283億ドルから2022年の341億ドルに増加した（IPS［2023］p.12)。

富裕層以外でも，技能を持っている人材もまた早い段階から移動が可能になった。たとえば，高度なICTの技能を持ち，条件が良ければ拠点を自由に変えられるデジタルノマドが挙げられる。Cook［2023］はコロナ禍になってから急増したデジタルノマドに着目し，文献調査からコロナ前とコロナ禍のデジタルノマドの違いについて比較分析した。Holleran と Notting［2023］はソーシャルメディア上で活躍しているデジタルノマドに半構造化インタビューを行い，コロナ禍での移動について調査した。

他方，コロナ禍の入国規制に伴う定期便の縮小や航空運賃の高騰に伴い，少なからぬ外国人労働者は長期間母国に帰れなくなった。コロナ禍では各国で自国民向けの様々な救済策が行われたが，外国人労働者には十分情報が伝わらなく，時に救済策の対象にならなかったことも見られた。コロナ禍における外国人労働者に関するこれらの諸問題について，アジア開発銀行他（ADBI et al.

[2021]）や世界銀行（World Bank [2020]），国際労働機関（ILO [2021]），国際移住機関（IOM [2021]），国連児童基金（UNICEF [2021]），国連女性機関（UN Women [n.d.]）など，様々な国際機関で報告書が出版されている。

(4) コロナ期の留学生に関する先行研究

コロナ禍の初期のころ，コロナ禍に巻き込まれ，困惑する留学生について，個別にマスコミがインタビューすることがしばしば見られた。その後コロナ禍の長期化に伴い，教育関係者もまた勤務先の留学生に対して，本格的に聞き取り調査を行うようになった。StewartとKim［2021］は2020年に韓国に留学中の留学生に対するインタビュー，あるいは検疫隔離中の留学生に対するZoomインタビューを行った。当研究では，主にヨーロッパ出身の在韓留学生にインタビューを行ったので，移動規制の緩いヨーロッパと比べ，日本のようにどこへ行くにもマスク着用の韓国の状況に戸惑っている様子が記録されている。

Gomes［2022］はMicrosoft Teamsを使ったオンラインのインタビュー調査により，2020年末から2021年初頭にかけてオーストラリアにおけるロックダウンを経験した留学生に対し，コロナ禍のショックについて多数の記録を残した。健康に関する不安や食糧確保の困難さ，就職活動の制限など，生々しい記録が残っている。

コロナ禍で問題に直面している留学生に対し，各地でアンケート調査も行われるようになった。Kivelä et al.［2022］はアンケート調査からオランダにおける本国出身の学生と留学生のストレスを比較し，2020年における留学生のストレスが大きかったことを解明した。McKeownと Bergman-Ray［2023］はアメリカから国外に送り出した留学生にアンケート調査を行い，コロナ前とコロナ後で比較した。それによると，実施される確実性の高さや生活面でのサポートがコロナ後の留学選択で重視されるようになったことが分かった。

なお，日本の場合，そもそも留学生に対する選抜制度自体のハードルが高いとされる。日本において英語開講の大学が増え，さらにコロナ禍を契機に対面からオンラインに面接を変更した大学も増えてきた。しかし，翁と立脇［2022］によると，日本における人気の高い主要国立大学では，コロナ禍であっても日本留学試験（EJU）と英語の試験（TOEFLやIELTSなど）の両方を一次選抜で課し，さらに日本にて対面での面接を実施した例が多かったとしている。そのため，2021年度選抜の場合，多くの国でTOEICやIELTSの実施回数の減少の影響を受け，さらに２回ともEJUを実施できなかったフィリピンやスリランカでは出願機会さえ激減したとされる（翁と立脇［2022］118頁）。

合格できても，日本における留学生にはハードルが続いた。大西［2023］は，コロナ初期における在日外国人を含んだ外国籍居住者の入国禁止措置や「特別定額給付金」が再入国できなかった外国人に払われなかったこと，その後の「学生支援緊急給付金」が留学生にのみ成績要項をつけられたことなどを指摘している（大西［2023］25-26頁）。

なお，コロナ禍の留学生問題について様々な研究が行われてきたので，その総括も見られるようになった。安とBerry［2023］はコロナ禍の留学生に関する先行研究のレビューを行ったが，キャンパス封鎖による学習の困難さ，対面での交流の途絶によるメンタルの変化，帰国ができなくなったことによる家族関係の変化，行動規制に伴う就職活動の困難さなど，様々な問題を挙げている。

3　日本におけるコロナ期の人的移動に関する概要

(1)　日本における短期訪問者

コロナ期の人的移動は全体的にみると様々な制限がかけられた。典型的なものは，水際対策のための入国規制である。たとえば，コロナ禍の影響により，2020年の訪日外国人数は激減した（**図表２－１**）。

(2)　在日外国人

しかし，短期の訪問者と長期間在住している人では移動のパターンが異なっている。コロナ期に短期の訪日外国人数が激減したのに対し，外国人労働者や留学生を含む，在日外国人数はあまり減少しなかった（**図表２－２**）。

図表２－１　訪日外国人数の推移（単位：万人）

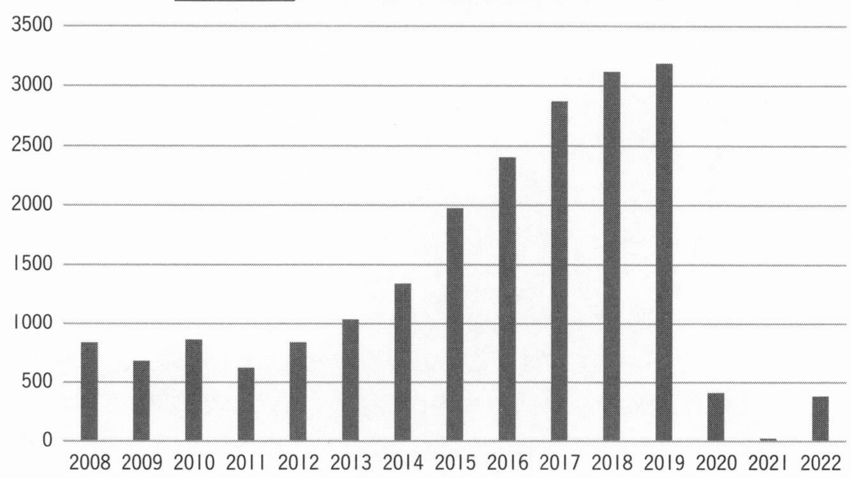

出所：観光庁［2023］「訪日外国人旅行者数出国日本人旅行者数」Web

図表２－２　在日外国人数の推移（６月30日現在　単位：万人）

出所：出入国在留管理庁［n.d.］「在留外国人統計」Web

(3) 日本における外国人労働者

コロナ禍で出入国が限定的で，出国が滞っていたこともあり，世界的にみても外国人労働者の数はあまり減少しなかった。さらに，コロナ禍にもかかわらず，日本における外国人労働者の数は増加した（**図表2－3**）。なお，ILOなどの国際機関は労働ビザを有するものを外国人労働者統計の対象にしているが，日本の厚生労働省の場合，留学生のアルバイトや技能実習生（当時）も調査対象に含む。

日本における少子高齢化と労働力不足は深刻である。矢澤［2021］によると，日本における医療・福祉に従事する外国人労働者数はコロナ禍と入国制限にも関わらず，順調に伸びていった（矢澤［2021］3頁）。コンビニの留学生アルバイトなど，労働力不足の日本において，外国人労働者はもはや身近な存在である。

図表2－3 日本における外国人労働者数の推移（各年10月31日現在　単位：千人）

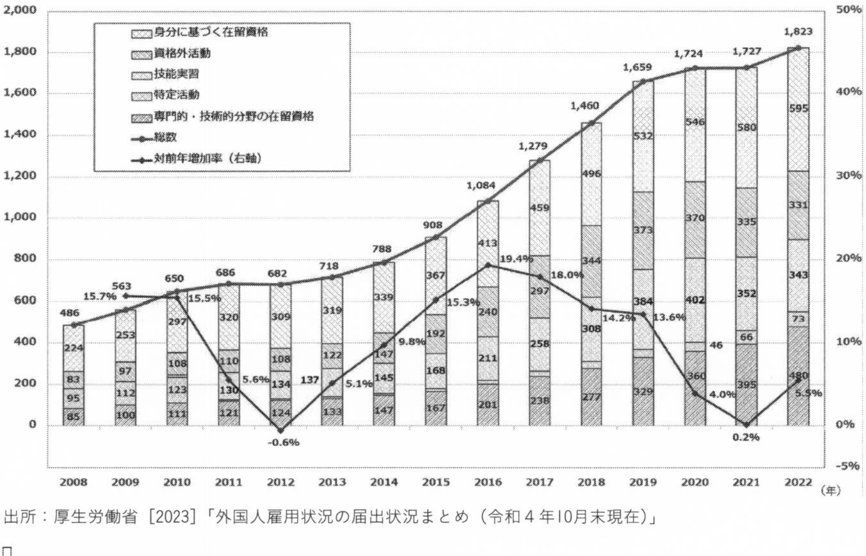

出所：厚生労働省［2023］「外国人雇用状況の届出状況まとめ（令和4年10月末現在）」

(4) 日本における留学生

留学生の移動は，一般的に定住者と短期訪問者の中間になる。つまり，学位留学の場合，在学中は留学先に滞在するが，修了後は帰国，あるいは第三国へ転出する場合がある。さらに，UNESCOなどの国際機関では学位留学生が統計調査の対象になるが，日本の場合セメスター単位の交換留学や３か月以上の語学研修も学生ビザが必要なので，独自の留学生調査を行っている。コロナ禍で交換留学等が制限されていたこともあり，日本における留学生の数は2020年と2021年は減少している（**図表２－４**）。

図表２－４ 日本における留学生数（６月30日現在）

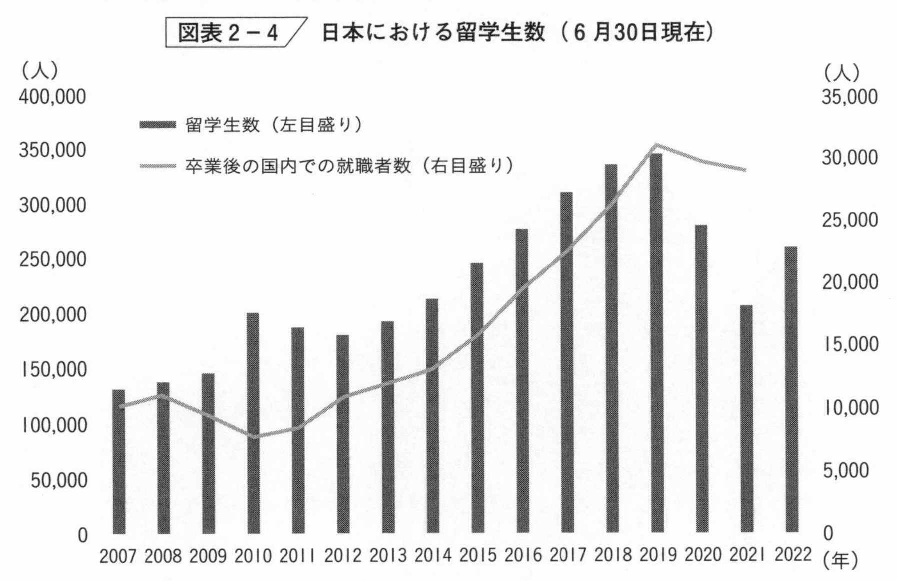

元資料：出入国在留管理庁「令和４年６月末現在における在留外国人数について」，入管白書「出入国在留管理」
出所　：国際留学生協会［2023］「留学生数２年ぶりに増加」

4　日本における人的移動の規制と緩和に関する変遷

(1)　コロナ期におけるニュースサイトのアーカイブス

コロナ期における日本の入国規制と入国緩和は目まぐるしく変化してきた。ここで，2020年に入ってからの主な出入国管理について概観したい。ただし，外務省や出入国在留管理庁のホームページは随時最新の政策に変更される。そのため，以下の資料は，NHKのニュースのアーカイブスから，筆者が抜粋して時系列にまとめた（**図表２－５**）。

図表２－５／ コロナ期における入国制限と緩和の推移

2020年	
２月１日	COVID-19から国を守るため，中国湖北省からの国際旅行者の入国中止
３月９日	成田と関空を除き，中国と韓国からの国際便停止
４月３日	アメリカ合衆国やイギリス，タイ，インドネシアを含む多くの国からの入国規制の拡大。当時新型コロナウイルスに対する有効な治療法がなかったため，日本は鎖国状態に。日本人が日本に戻るときは14日の隔離が求められる
８月５日	留学生を含む，一時的に日本を離れていた在日外国人の再来日が可能に
９月18日	14日間の隔離を条件に，シンガポールから日本への短期のビジネス客の入国緩和
10月１日	新規の学位課程の留学生を含む，新規の外国人居住者の来日の緩和
12月28日	新規来訪者の来日制限強化
2021年	
１月14日	新型コロナのデルタ株を抑えるため，14日の隔離の再開
３月７日	オリンピックとパラリンピック関係者の来日許可
11月８日	新規のビジネス旅行者と新規の留学生の来日緩和
11月30日	新型コロナのオミクロン株の拡大防止のため，入国規制の強化
2022年	
３月１日	観光客以外の来日者を１日5000人まで許可
４月10日	観光客以外の来日者を１日１万人まで許可
６月10日	来日者を１日２万人まで許可。添乗員付きの団体観光客の入国も許可
９月７日	来日者を１日５万人まで許可。添乗員なしの団体観光客の入国も許可
10月11日	来日者の１日当たりの入国数制限を撤廃。個人観光客の入国も許可
2023年	
１月８日	中国からの渡航制限再開
３月１日	中国からの渡航制限の解除

出所：オンライン版NHKアーカイブス「新型コロナウイルス入国制限や緩和をめぐる状況」より筆者作成

(2)　2020年の社会背景

2020年１月に横浜港を出港し，２月に戻ってきたダイヤモンド・プリンセス号でCOVID-19の感染者が見つかった時，新型コロナに対するワクチンや治療薬はまだ開発されていなかった。そのため，2020年初頭の日本では，徹底的な水際対策を行った。自国民や在日外国人が日本に帰国できないほど徹底した入国制限が行われたが，やがて14日間の検疫隔離を行うことを条件に，徐々に入国対象の緩和が広まっていった。しかし，同年末には新型コロナのデルタ変異株のまん延に伴い，水際対策が再度強化された。

(3) 2021年の社会背景

2020年に開催予定だった東京オリンピックを2021年に開催することになり，オリンピック・パラリンピック関係者の入国が緩和されるようになった。欧米諸国では2021年前半の時点でも新型コロナ対応のワクチンが普及していたが，日本ではワクチン不足が続いていた。医療関係者や高齢者にワクチンが優先的に配分されたため，ワクチンが余っている欧米諸国へ労働人口層の日本人がワクチンを接種しに行く現象（いわゆるワクチン・ツーリズムの一種）が2021年中旬ごろまで続いた。オリンピック後は入国緩和が徐々に進んだが，11月末には新型コロナのオミクロン変異株のまん延に伴い，水際対策が再度強化された。

(4) 2022年の社会背景

オミクロン株は弱毒性だったこともあり，既に2022年初頭の時点で欧米諸国では渡航規制が緩和されていたが，日本は慎重だった。３月に限定的に訪日者数を緩和した後，段階的に１日当たりの入国者数を増やし，10月には人数制限を撤廃した。なお，学位コースの留学生の再来日は2020年の後半から行われていたが，交換留学や語学研修などが目的の留学生の来日は2021年の時点では限定的であった。交換留学の場合，欧米諸国では日本人学生の受け入れが可能であったが，2021年の時点では日本側が留学生の受け入れを制限していたので，国際交流の観点から問題になっていた。2022年10月の時点で，学位コース以外の留学生の受け入れ条件はほぼ回復している。

5 山口大学における留学生の受け入れ

(1) コロナ前とコロナ期の留学生数の変遷

上記の出入国管理の変遷を念頭に，山口大学における留学生の推移を見ていきたい。まず，コロナに伴う入国規制の影響で，山口大学における2020年の留学生は減少し，さらに2021年はさらに減少が続いた（**図表２－６**）。

2020年の春は３月の早い時期では来日可能であったが，同月の後半になると入国が厳しくなっていた。同年の秋は一時帰国していた留学生が再来日できるようになっていたが，国費留学生を除き新入生の入国は厳しかった。2021年は春，秋とも入国制限が行われ，なおかつ航空便の減便と航空運賃の高騰により，私費留学生の来学は困難であった。

なお，2022年の留学生数は若干回復しているが，図表２－６は毎年５月のデータを集計している。筆者の肌感覚では図表２－５で挙げたように2022年10月に留学生が急増したように感じられたが，秋入学の留学生は図表２－６の数値にはまだ反映されていない。筆者のゼミの場合，コロナ禍でもオンラインの会議システムを使い，母国で授業を受けていた留学生も少なからずいた。オンライン受講の留学生の一部は2022年の春に来学したが，研究生など非学位コースの留学生は同年の秋になってから急遽山口に押し寄せている（朝水［2023］）。

図表２－６／山口大学の留学生数（５月１日現在）

年度	学生数
2019	432
2020	388
2021	359
2022	367

出所：Yamaguchi University［2023］*Yamaguchi University Guide*, p.24

(2)　コロナ前の留学生の出身地

山口大学におけるコロナ前の留学生は中国出身者が圧倒的に多く，続く上位には東アジアおよび東南アジアの出身者が多い（**図表２－７**）。域外ではバングラデシュが６位に入っているが，多くはJICAの奨学金（JDS）対象者である。他方，中国の経済成長を反映し，同国の留学生は私費での入学者が多い。

(3)　コロナ後の留学生の出身地

コロナ後の山口大学における留学生であるが，コロナ前と同様に中国出身者が圧倒的に多い。コロナ前と同様に，上位には東アジアや東南アジア出身者が多いが，５位にバングラデシュ，６位にケニアが入っている（**図表２－８**）。

図表２－７ 山口大学における主要出身地の留学生（2019年５月１日現在）

地域	学生数（人）
中国	185
韓国	45
台湾	37
マレーシア	32
インドネシア	25
バングラデシュ	24
ベトナム	17
タイ	12
モンゴル	11

山口大学［2020］「2019年度の山口大学の国際交流活動」, p.37

図表２－８ 山口大学における主要出身地の留学生（2022年５月１日現在）

地域	学生数（人）
中国	195
韓国	35
インドネシア	27
マレーシア	22
バングラデシュ	15
ケニア	10
モンゴル	10

Yamaguchi University［2023］*Yamaguchi University Guide*, p.24

なお，現在の山口大学は国際協力の多様化を図り，アフリカ諸国との関係強化に力を入れている。

6　おわりに―第２章のまとめ

第２節の先行研究レビューで見てきたように，過去の感染症対策の積み重ねから，感染拡大の抑制のためには水際対策が有効であることが分かってきた。さらに，水際対策で防ぎきれなかった場合，ロックダウンのような域内の移動抑制や公共交通機関の減便が感染症の抑制に用いられるようになった。ただし，コロナ禍における移動規制の時期であっても，独自の交通手段がある富裕層や高度な技能を持つ人材の移動は続いた。留学生の移動は富裕層ほどではないが，ある程度可能であった。

第３節では日本におけるコロナ期の国際移動について，基礎的な統計資料を見ながら概説した。世界的にも当てはまることであるが，コロナ禍によって短期の国際移動は激減したのに対し，外国籍の居住者数はコロナ期でもあまり変わらなかった。さらに，外国人労働者に関しては，コロナ禍による入国制限があっても増加を続けた。

第４節ではNHKのアーカイブスを使って，日本におけるコロナ期の入国規制について政策の変遷を見てきた。新型コロナに有効なワクチンの開発やその普及，オリンピックの開催，変異株の流行など，状況に応じて日本政府の入国規制とその緩和は目まぐるしく変化してきた。

第５節は山口大学を例に，留学生の受け入れ状況の変遷を紹介した。山口大学のコロナ期の留学生数は，第２節で扱った全国のものと似たようなパターンで増減している。つまり，第３節で扱った入国規制と緩和の影響を強く受けていたのであるが，留学生受け入れの現場の視点を取り入れたことにより，数値だけを見るよりも分かりやすくなったと思われる。

◉参考文献――――――――――

ADBI, ILO, OECD［2021］*LABOR MIGRATION IN ASIA: IMPACTS OF THE COVID-19 CRISIS AND THE POST-PANDEMIC FUTURE*, Asian Development Bank Institute, Organisation for Economic Co-operation and Development, International Labour Organization

安婷婷，BERRY Brian David［2023］「日本の外国人留学生へのCOVID-19の影響－留学生を対象とした先行研究のレビューから－」『留学生交流・指導研究』，7-20頁

朝水宗彦［2023］「日本におけるコロナ期の非学位留学生」『山口経済学雑誌』71（5-6）69-85頁

BRUGGEMAN Lucien［2021］“Private jet firms are soaring in popularity after big COVID-19 bailouts. Were they a 'handout to the wealthy'?”，https://abcnews.go.com/US/private-jet-firms-soaring-popularity-big-covid-19/story?id=81773530, Accessed March 15, 2023

COOK Dave［2023］“What is a digital nomad? Definition and taxonomy in the era of mainstream remote work”，*World Leisure Journal*, 65(2)，pp.256-275

EHLERT Andree, WEDEMEIER Jan［2022］“Which factors influence mobility change dur-

ing COVID-19 in Germany? Evidence from German county data", *Regional Science Policy & Practice*, 14, pp.61-79
GOMES Catherine [2022] "Shock temporality: international students coping with disrupted lives and suspended futures", *Asia Pacific Education Review*, 23, pp.527-538
HOLLERAN Max, NOTTING Mallory [2023] "Mobility guilt: digital nomads and COVID-19", *Tourism Geographies*, 25(5), pp.1341-1358
ILO [2021] Supporting migrant workers during the pandemic for a cohesive and responsive ASEAN Community, International Labour Organization
IOM [2021] *SOCIOECONOMIC IMPACT OF COVID-19 ON MIGRANT WORKERS*, International Organization for Migration
IPS [2023] *HIGH FLYERS 2023*, Institute for Policy Studies
観光庁［2023］「訪日外国人旅行者数出国日本人旅行者数」https://www.mlit.go.jp/kankocho/siryou/toukei/in_out.html, 2023年３月15日閲覧
川村真理［2020］「新型コロナウイルス感染症と入国制限」『杏林社会科学研究』36（1-2), 63-84頁
KIVELA Liia, MOUTHAAN Joanne, Van der DOES Willem, ANTYPA Niki [2022] "Student mental health during the COVID-19 pandemic: Are international students more affected?", *Journal of American College Health*, https://doi.org/10.1080/07448481.2022.2037616
国際留学生協会［2023］「留学生数２年ぶりに増加」https://www.ifsa.jp/index.php?20230111, 2023年３月15日閲覧
近藤敦［2015］「自国に入国する権利と在留権」『名城法学』64（4), 1-34頁
厚生労働省［2023］「外国人雇用状況の届出状況まとめ（令和４年10月末現在）」https://www.mhlw.go.jp/stf/newpage_30367.html, 2023年３月15日閲覧
MALCOLM Bianca L. [2014] "The spread process of epidemic influenza in the continental United States, 1968–2008", *Spatial and Spatio-temporal Epidemiology*, 8, pp.35-45
MCKEOWN Joshua S., BERGMAN-RAY Chloe [2023] "COVID-19 and US Higher Education: Impact on Student Mobility", *Creative Education*, 14, pp.853-874
NHK［2023］「新型コロナウイルス入国制限や緩和をめぐる状況」https://www3.nhk.or.jp/news/special/coronavirus/immigration/, 2023年３月15日閲覧
大西晶子［2023］「留学生の権利の保護と大学の役割－コロナ禍の留学生支援を振り返っての一考察－」『留学生交流・指導研究』25, 21-34頁
翁文静, 立脇洋介［2022］「国立大学における新型コロナウイルス感染症の対応について」『大学入試研究ジャーナル』32, 114-121頁
ROELOFS Bart, BALLAS Dimitris, HAISMA Hinke, EDZES Arjen [2022] "Spatial mobility patterns and COVID-19 incidence: A regional analysis of the second wave in the Netherlands", *Regional Science Policy & Practice*, 14, pp.21-40
STEWART William H., KIM Bo Myung [2021] "Commitment to Academic Exchanges in the Age of COVID-19: A Case Study of Arrival and Quarantine Experiences from the Republic of Korea", *Journal of International Students*, 11(S2), pp.77-93

出入国在留管理庁［n.d.］「在留外国人統計」https://www.moj.go.jp/isa/policies/statistics/toukei_ichiran_touroku.html, 2023年3月15日閲覧

TOTTEN Robbie J.［2012］Contagious Disease, Epidemics, National Security, and U.S. Immigration: Historical Policy Responses, U.C. San Diego Center for Comparative Immigration Studies

UNICEF［2021］*COVID-19 and Migration for Work in South Asia*, United Nations Children's Fund

UN Women［n.d.］ADDRESSING THE IMPACTS OF THE COVID-19 PANDEMIC ON WOMEN MIGRANT WORKERS, UN Women

World Bank［2020］Potential Responses to the COVID-19 Outbreak in Support of Migrant Workers, World Bank

山口大学［2020］「2019年度の山口大学の国際交流活動」山口大学

Yamaguchi University［2023］*Yamaguchi University Guide*, Yamaguchi University

矢澤朋子［2021］「コロナ下でも，外国人介護人材は増加」大和総研

ZEIN Ali El, BEZIAT Adrien, POCHET Pascal, KLEIN Olivier, VINCENT Stephanie［2022］"What drives the changes in public transport use in the context of the COVID-19 pandemic? Highlights from Lyon metropolitan area", *Regional Science Policy & Practice*, 14, pp.122-141

第3章 新型コロナウイルス感染症後におけるマレーシアの観光業

◉要旨

新型コロナウイルス感染症（以下，コロナ禍）は，世界の観光セクターにとって大きなリセットとなった。ウイルスのまん延によってもたらされた長期にわたるロックダウンと移動規制令（MCO），国境封鎖は，観光地を停滞させていた。
コロナ禍は，私たちに多くの貴重な教訓を与えてくれたはずだ。2019年以前，私たちはオーバーツーリズムの影響を嘆いた。コロナ禍ではアンダーツーリズムの危険性が指摘された。観光局は，コロナ禍でも観光セクターを維持することができた国内観光の重要な役割を高く評価した。観光地マネジャーはまた，観光という単一のセクターに依存すべきではなく，経済基盤は多様化されなければならないという点でも意見が一致した。

バダルディン・モハメド　(Badaruddin Mohamed)

マレーシア・セインズ大学（USM）住宅・建築・計画学部（観光計画と開発）教授。北アイオワ大学（米国）で環境計画を専攻し，学士号を取得。その後，東京の立教大学で観光計画と開発の修士号と博士号を取得。立教大学（東京），メージョ大学（チェンマイ），国立開発管理研究所（バンコク），経営科学大学（マレーシア）で客員教授，マレーシア観光教育者協会（TEAM）会長等を歴任。

1　地球規模でみられた観光産業の成長

2019年まで，世界における観光産業の市場規模は継続して成長し，観光は世界で最も成長の早い産業の一つだった。2019年には15億人が国をまたぐ移動をしており，前年比４％の成長であった（UNWTO［2020］）。この成長は安定的に年3.3％成長し，2030年には18億人に達すると予想された。国内観光客はこの４倍である。アジア太平洋地域の観光はさらに成長が早く，2019年に７％成長していた。Victor［2018］によると，東南アジア地域は多文化の多様（社会，文化，遺産）なるつぼであり，観光で2,228億USドルを2027年にもたらすと期待されていた。観光はマレーシア経済にとって重要な部門で，同国の経済成長にとって極めて大きな役割を果たしている。首都のクアラルンプール，カジノの街ゲンティンハイランド，ランカウイ島，ペナン，マラッカなど，マレーシアきってのアトラクションがある。

2　COVID-19のまん延

テロや自然災害，Ｈ１Ｎ１インフルエンザ，SARS，COVID-19のような災害・悲劇は一瞬のうちに観光に影響する。2020年から2022年までCOVID-19に１億7,900万人が感染し，390万人が死亡した（UNCTAD［2021］）。そのため，世界経済は打ちのめされ，観光は真っ先に影響を受けた。世界の観光が麻痺し，停止した時，観光産業は世界的にリセットされた。

2020年には11億人も旅行者が少なくなり，世界の観光地は前年度の60～85％訪問者が減少した。世界旅行ツーリズム協議会（WTTC［2020］）によると，観光産業は他の経済セクターよりも回復が遅く，コロナ前の水準になるまで19か月以上かかった。多くの国でロックダウンされ，国境は閉ざされた。多くの国は今日でも国際訪問者を閉ざしているが，すでに開放している国も少なくない。

観光におけるCOVID-19は前代未聞の災厄であり，パンデミックに対してほとんど準備がされていなかった。最悪の衝撃は観光のみに依存していた国や地域にもたらされた。バリ，モルディブ，ベネチア，プーケットは観光が主要産業である。プーケットでは経済の80％を観光が占め（2019年），30万人以上が雇用されている。観光は89億USドルの収入をもたらしていたが，タイ国政府観光庁によると2020年には2,000～3,200億バーツも減収したとされる（Talamantes［2020］）。

パンデミックによる観光業への直接的な影響と，観光業に関連する他のセクターへの波及効果によって，国際観光とその複雑に結びついた部門は，国際観光客の急減な減少による直接的・間接的な影響により，2020年だけで2.4兆ドルの損失を被ったと推定される（UNCTAD［2021］）。その後，世界観光機関（WTO）は，ウイルスによる国際観光客の激減が，2020年と2021年の世界のGDPに４兆ドル以上の損失をもたらす可能性があると警告した。

本報告では，マレーシアの観光セクターに与えた衝撃に視点を置く。マレーシアの観光行政によって行われた，観光が受けた影響への制御策について再考する。さらに，本報告はパンデミックでの主な挑戦と，その教訓から学ぶべきことを共有し，COVID-19後の観光アクティビティについて見ていく。

3　マレーシアの観光におけるCOVID-19のインパクト

マレーシア政府は2020年３月18日から移動規制令（MCO）を発令し，ホテル業を含む業務に必要でないサービスを閉鎖するように制限をかけた（Bernama［2020］）。ロックダウンやMCO，国境閉鎖はマレーシアの観光産業に打撃を与えた。マレーシアでは，国内旅行が規制され，ホテルが閉鎖され，多くの観光関連ビジネス（両替商，土産物店，スパ・マッサージ店，カフェ，レストランなど）が閉店を余儀なくされた。航空業界は真っ先に，そして最悪の打撃を受けた。 例えば，マレーシアの格安航空会社であるエアアジアは，172人のパイロットの給与体系をフライト当たりにして実質的に無給で休職させた（The Malay Mail［2020］）。

休職を余儀なくされた人の多くは，収入を維持するために臨時の仕事やビジネスを探さなければならなかった。多くの人が，e-hailing（スマホタクシー）やフード・デリバリーなどのギグエコノミーを営むようになった。マレーシアの観光セクターは完全に回復するまで4年かかると予想されている（Yunus［2020］）。パンデミックの初期である2020年の調査では，企業の多くが短いパンデミックを予想し，主なビジネス生き残り策として従業員の削減を選んだ（Hanafiah et al.［2021］）。しかしながら，2021年の追跡調査では，パンデミックがいつ終わるのか不透明であったので，運営コストを抑えるため，投資の削減，事業拡大の待機，ビジネス計画の見直しなどが優先された（Balasingam, Hanafiah & Nair［2021］）。

マレーシア旅行業者協会（Malaysian Association of Tour and Travel Agents）によると（MATTA［2020］），COVID-19のパンデミックは2020年だけで1,000億マレーシア・リンギットを超える損失を観光産業に与えた。1人当たり215USドルの収入が期待されていた「ビジット・マレーシア・イヤー2020」の計画は中止された。

図表3－1は2007年から2022年までのマレーシアにおける国際到着者数であ

図表3－1／マレーシアにおける国際到着者 2007-2022

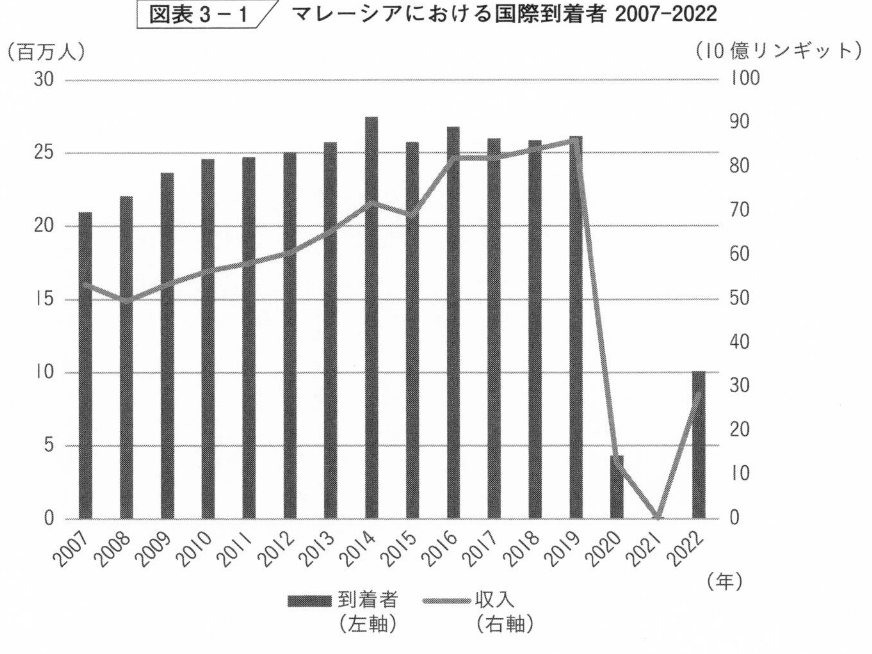

出所：Tourism Malaysia［2023］

る。パンデミックが起こる前の2019年は2,610万人の国際観光客がマレーシアを訪問した。この数を3,000万人に増やすために，マレーシアは「ビジット・マレーシア・イヤー 2020」キャンペーンを実施した。しかし，コロナ禍のまん延により，国際観光客は2020年には430万人に激減し，2021年には134,728人となった。国際観光客数は2022年に1,000万人以上に回復したが，それでもコロナ前の2019年のマイナス61％である。2022年の282.3億マレーシア・リンギットの収入は，2019年の861億リンギットになり，マイナス67.2％であった。

図表 3－2 はマレーシアの国境閉鎖前と閉鎖後の到着者の２月時点（2019年と2020年）の変化を示したものである。このように，中国，シンガポール，ブルネイ，韓国など，主要観光客マーケットの減少が一瞬のうちに起こった。マレーシアの国際観光にとって主要なマーケットである中国からの観光客数は減少が著しく，マイナス76.24％であった。この12か月間に増加したのはインドだけである。Arokiasamy, Smith, and Kijbumrung［2021］の研究によれば，マレーシアへのインバウンド観光客に対するCOVID-19の影響は一時的で，中国，インドネシア，シンガポール，タイ，インドからの観光客数はパンデミック前のレベルに結局は戻ると予想された。

図表 3－2　2019年２月と2020年２月のインバウンド観光客数

国	2019年２月	2020年２月	Δ（%）
シンガポール	813,186	494,638	-39.17
インドネシア	297,666	256,212	-13.93
中国	295,150	70,137	-76.24
タイ	162,595	126,191	-22.39
ブルネイ	102,571	45,998	-55.15
インド	51,447	59,488	15.63
フィリピン	30,512	22,474	-26.34
日本	34,750	32,963	-5.14
韓国	64,366	30,679	-52.34
オーストラリア	24,602	19,330	-21.43

出所: Arokiasamy, Smith & Kijbumrung［2021］

4　オーバーツーリズムからアンダーツーリズムへ

COVID-19のまん延とその衝撃は確かに私たちに良い教訓を与えてくれた。2020年以前，世界の観光はマスツーリズム，あるいはオーバーツーリズムの現象に見舞われていた。ベネチア，パタヤ，京都，バリなどの人気観光地では，観光客の増加により，混雑，汚染，定員オーバー，物価上昇などの問題が起きていた。元京都市議で，『京都が観光で滅びる日』の著者である村山祥栄は，「京都は観光の問題の対処や必要なインフラ整備が遅すぎ---オーバーツーリズムが空前のレベルに至った。もしオーバーツーリズムが続くなら，日本人観光客は京都を避けるようになり，住民の観光客に対する憎しみのみ増えていくだろう」と述べている（Hijino［2020］）。

インドネシアのバリ島は2000年初頭にマスツーリズムを経験するようになり，バリの人々を不安にさせた。毎年700ヘクタールの土地がホテルや裕福な外国人のための高級住宅，訪問者のための道路に変わっていった。1万3,000立方メートルものごみが公共ごみ処理場に捨てられ，特に主要観光地では道路が渋滞し，都市の主要道路を詰まらせた（Bruno［2012］）。

マレーシアの観光地はマスツーリズムの不具合な影響を改善していない。イギリスの建築と涼しい気候，紅茶，野菜，花の植栽で有名な人気の高い丘陵地であるキャメロンハイランズには毎週訪問者が押し寄せ，混雑する。主要な大動脈の道路は渋滞する。多くの自然の土地が野菜畑，住宅地，ホテルのために整地されていった。

混雑と渋滞はUNESCO世界遺産のマラッカとペナンのジョージタウンでもしばしば起こった。世界遺産の街としてのジョージタウンの瞬間的な人気は，そこを訪問するだけでなく，中心街の伝統的なショップハウスを商品価値の高いブティックホテルやカフェに改装し，香港やシンガポールなどの近隣の観光客や開発業者の関心を引いた。改装は不動産の価値を上昇させ，周辺の不動産も高騰させた。1997年の家賃統制法の導入で，ショップハウスのロケット打ち上げ的な劇的な賃貸価格の上昇は，ジョージタウンの中心街の居住地から郊外へと広がった。

世界中の街や村の人流を詰まらせてしまうマスまたはオーバーツーリズムの社会的疾患は地元コミュニティの生活の質を低下させ，観光客側も体験の質を下げられてしまう。しかしながら，COVID-19はコインの裏面を示した。観光地は客が足りないアンダーツーリズムの脅威に直面している。マレーシアでは，ランカウイ島のような島々や，キャメロンハイランドやクンダサンのような高原の観光地には，かつてその地域に集まっていた観光客がいなくなった。そのため，マレーシア半島の東海岸沖の人気の高い島しょ部のボート屋や観光業者たちは，仕事を失い，生活のために漁業に転職した。

5　前提と期待

持続可能な観光の概念は，観光客の見境のない活動によって観光地が破壊された反省から導入された。持続可能な観光は，サンゴ礁や山岳，保全林などの繊細な観光地で導入された。キャリング・キャパシティのコンセプトや変化の許容限界の考え方が用いられるようになり，利害関係者に資源を尊重し，保護することを呼びかけた。しかしながら，世界中の観光地は経済的な増収を考えている。しかし，COVID-19のまん延により，瞬時にコンセプトの再考を余儀なくされ，ソーシャルディスタンスを検討し，変化の許容限界，つまりキャリング・キャパシティに基づいて行動するようになった。

近年，観光オペレーター，ホテル関係者，政府の考えでは観光の数値的な成長は良いことで，継続すべきことだった。しかし，COVID-19は利害関係者に責任のある，質の高いことを提供するのがマスツーリズムより重要であることを教えた。そして，ペナンは様々なCOVID-19の指標に対応した責任のある観光を導入し始めた。市場の信頼を得るため，マレーシア政府はCOVID-19の健康指標に基づく観光ビジネスの特別な証明書を発給した。これらの指標は，安全で，衛生的で，健康属性を観光地選択で最優先する健康志向の観光客の需要を満たした。

COVID-19のまん延以前では，アジアの多くの国々はできるだけ多くの国際観光客に注目されることに力を入れ，多くの場合，国内観光客は二級のマーケットと捉えられていた。国際観光客，特に中国と先進国からの観光客は，購買力の強さから最も求められていた。マレーシアも，国際観光マーケット推進のために多大な年間予算をかけていた。

国境が閉鎖されたことで，多くの観光地は継続的に観光を行うため重要な役割を演じる国内観光客に頼るようになった。国内観光活動に拍車をかけるため，様々なインセンティブが導入された。生き残りをかけるため，ホテルは短期の滞在客を導入し，テレワークなど自宅で働いているマレーシア人を観光客の代わりに呼び込んだ。観光客向けのビジネスの喪失は，いくつかのホテルのキッチンを道路側に広げ，通行人に食べ物を販売するようになった。Airbnbの運営者はロックダウンと国境閉鎖に危機を感じ，観光客の代わりに，いくつかのホテルと，２週間の検疫隔離期間が必要な帰国マレーシア人に客室を提供し，何とか生き残った。

深刻な被害のあった他の部門は，地方のコミュニティのライフスタイルの体験を家族と一緒に訪問者に提供するホームステイ・プログラムであった。政府によって定められ，推進されたホームステイ・プログラムは村人が直接観光業に参加する機会を与え，経済的な増収にも寄与した。後に，このプログラムは，観光客に文化的な交流を提供するようになったAirbnbの陰に隠れるようになったが，元々不動産投資から観光客の客室を提供するようになったAirbnbと異なり，ホームステイ・プログラムをフルタイムで行っていたわけではない。生活のために他の仕事を持っている村人によるホームステイの運営者への影響は少なかった。

過度に観光に依存し，主要収入源になっていた場合，コロナ禍は大きな災難であった。この場合，観光が崩壊した時，経済システム全体もまた崩壊する。将来コロナに匹敵するような状況が起こった時の道案内にするため，ランカウイ島のいくつかの例が勧められる。同島ではリスク分散のため経済基盤をメディカルツーリズムと教育を含む多様なものにしていた（Bird［2020］）。移動規制令によるMICE（Meeting, Incentives, Convention & Exhibition）産業の崩壊は，バーチャル展覧会やバーチャル・ツーリズムの成長をもたらした。Webex，Google Meet，Zoomといったオンライン会議・ミーティング設備の発展は，MICE産業の損失を補った。オンライン設備の影響はコストの安さと運営の容易さでオンラインのウェビナーやオンライン会議として今日でも頼られている。

6　バーチャル・ツーリズムは普及するのか？

現実の旅行の喪失はバーチャル・ツーリズムの成長を促した。マレーシアのいくつかの州は市場への影響を保つためにバーチャル・ツーリズムを試みた。しかしながら，観光地マネジャーたちは，バーチャル・ツーリズムが持続可能で強力なマーケティングの道具であるが，実際の訪問に代わりうるものではないことに気がついた。Zhao and Huang［2022］によれば，調査サンプルのうち，若い世代は実体験よりバーチャルな旅行の経験を楽しみ，より関心を持つ。しかし，この研究では，バーチャル・ツーリズムは現地の旅行の影響を受け，楽観的な発展の予想があるとされた。

観光地におけるバーチャル・ツーリズムの経済的な影響は限定的である。ペナン観光芸術クリエイティブ経済特別カウンシル（Exco）によると，同州はバーチャル・ツーリズムにそれほど熱心ではなく，バーチャルではなくリアルの観光客をペナンは求めている。地元の文化とアトラクションを楽しむため，実際に体感することが求められる（Hin［2022］）。

観光は食べ物を単に見るのではなく本物の食べ物を実際に食べるためにある。フードツーリズムはペナンの重要なアトラクションの一つであり，ペナンにあるものを食べ，ジョージタウンの音や香りを実際に経験することが求められる。祭りを体験し，それからペナンの多文化の遺産の写真を撮ることを求められる。経験はまさに観光で求められる全てで，ペナンの観光客の知覚，動機，理解に総合的に作用する。そのため，ある程度効果があるのにもかかわらず，バーチャル・ツーリズムはプロモーションまたはマーケティング・ツールに効果はあるが，本物の旅行に代わりうるものではない。

7　COVID-19の影響をマネージする

他の発展途上国と同様に，マレーシア政府はどんな災害であってもリーダーシップを持たなければならない。コロナ禍による経済の冷え込みの対策として，連邦政府は一般的な経済状況を受けるための様々な刺激パッケージを導入し，特にマレーシア人のたくさんの労働者の雇用を維持し，ビジネスを継続させた。コロナ禍の経済対策として，観光関連でデザインされた緊急イニシアティブには**図表3－3**のようなものがある。

図表3－3／観光緊急イニシアティブ

①	MOTACに登録している観光業者とホームステイ運営者に対する一時的な特別補助
②	ホテル経営者，テーマパーク経営者，コンベンションセンター，ショッピングモール，ツアーオペレーターに対する2021年10月から12月までの電気料金の10%ディスカウント
③	企業への月例所得税支払いの繰り延べ
④	2021年12月31日までのホテル経営者に対する観光税とサービス税の免除
⑤	雇用主あたり500人までの労働者に対する政府による4か月間の賃金補助

注：MOTAC（Ministry of Tourism, Arts and Culture）
出所：MOTAC［2021］を抜粋

MOTAC（観光芸術文化省）を通して，マレーシア政府は観光セクターへのCOVID-19の影響を測定し，マネージするためのインセンティブを導入した。利害関係者の協力により，同省は観光復興プランを作成し，**図表3－4**に挙げた戦略を実行した（MOTAC［2021］)。

図表3－4／コロナ禍の観光インセンティブ

①	よりクリエイティブで魅力的な観光パッケージを提供することによる国内観光の活性化。デジタル・プラットフォームを通した，リベートクーポン券，eクーポン券，スマホ決済を通したキャッシュバック，割引といったインセンティブとプロモーション。衛生的，清潔，健康で安全，SOPsの基準を満たすことなどのニューノーマルに適合したことによる，旅行の信頼の回復。
②	安全で継ぎ目がなく，接触の少ない旅行のテクノロジーの導入。キャッシュレス支払い，オンライン予約，非接触取引，非接触チェックインなど。
③	観光従事者の能力や信頼性を高めるためのリスキリングやスキルアップ。
④	規制緩和。例えば産業の生存を確かにするための免許料金の廃止。
⑤	環境の保護や保全のための戦略再編効果による持続可能な観光開発の導入。例えば島しょや壊れやすい観光地などのキャリング・キャパシティを考慮する。
⑥	公・民関係の強化。特に観光，芸術，文化プロダクトの再生からよりアピールし，よりイノベイティブに。
⑦	セグメントされ，持続可能な開発に基づく国際旅行の開始。例えばエコツーリズムや少人数・個人のスポーツ，バードウォッチング，歴史街道など，自然や農村地域，文化に視点を置いた持続可能な生産物。

出所：MOTAC［2021］を抜粋，訳者翻訳

8　観光の再開—これまで通りのビジネス？

コロナ禍の普及は，責任ある持続可能な観光という側面について私たちに気づきを与えるきっかけとなったかもしれない。しかし，ケンプテン応用科学大学観光経営学部で国際ホスピタリティ・マネジメントとマーケティングを教えるMarco Gardini教授は，このパラダイムの変化について懐疑的な見方を示していた。

> コロナ禍の大流行が終わったとき，それがいつになるかはわからないが，私たちはまた元の状態に戻りたいのだろうか？　オーバーツーリズム，気候変動，飛び恥（訳者注：不必要な飛行機使用で地球温暖化に悪い影響を与えること），ホスピタリティ業界のマイナスイメージといった問題に対処するための，選択的で，しばしば野心的でない努力や，従来通りの（問題ある）ビジネスに戻りたいのだろうか？ それとも，この "ゼロアワー "を利用して，観光の世界にとって真に包括的で持続可能な，デジタルで未来志向のアジェンダを議論し始める方がいいのだろうか？（Gardini［2020］）

国境が開かれれば，また徐々に観光ラッシュがやってくると観光地は信じている。すでに，マレーシアは検疫も予防接種も必要なく，外国人旅行者に国境を開放している。 主要なゲートウェイでの検温はなくなり，マスク着用も過去のものとなった。

海外旅行者の開放により，マレーシアからの出国者は徐々に増えている。タイ南部のハジャイ市では，マレーシア人観光客の到着が好調に伸びているという。ハジャイ・ソンクラ・ホテルズ協会のSitthipong Sitthiprapha会長は，特に学校休暇中のマレーシア人観光客の流入は非常に心強いとした。2020年の初めから国境ゲートが閉鎖され，COVID-19のまん延を抑えるために様々な制限が課された際に深刻な影響を受けた地元経済には追い風となった。 マレーシアの学校休暇が始まった９月３日から５日まで（2022年），２万人以上のマレーシア人がタイ国境を越えた（The Sun［2022］）。

全てが正常に戻り，観光客も徐々に戻ってきているようだ。空港も混雑している。多くの人々が外出したり入国したりしており，マスクをつけるかつけないかは個人の判断になりつつある。マスクをしていなくても，変な目で見られることはなくなった。航空会社も徐々に通常運行に戻り，パンデミック前のレベルまで徐々に営業が回復している。マレーシアのコロナ禍はすでに過去のもののように見える。

9　COVID-19後の観光ラッシュ

2023年の時点でマレーシアではCOVID-19以前の観光者数には達していないが，前年度より30〜40%増加すると思われる。政府が国境を開放し始めた時，地元住民の間のワクチン接種も高まり，マレーシアで初めの観光ラッシュを経験した。

突然，人々は家を飛び出し，地元の観光地へ出かけた。しかし，かつてこの業界で働いていた外国人労働者の多くが国外に流出したため，マレーシアのホテルの料金も稼働率も低く，ホテルやレストランもまだ定員割れで運営されている。彼らはミャンマー，インドネシア，ネパール出身だ。コロナ禍が発生すると，彼らは帰国させられたが，その中の何人かは母国で職を確保したため，すぐにマレーシアに戻ってくることはないだろう。いくつかのレストランチェーンは人材不足を補うためにウエイターのロボットを導入している（Yusri〔2022〕）。

十分訓練された労働者の不足はホテル産業にサービスの問題を引き起こし，ホテル業界はフル稼働ができなくなった。しかし，不幸中の幸いというものもある。外国人労働者の離職は，地元の人々に仕事の機会を与え，外国人に奪われた仕事を取り戻すことになった。航空会社も，パンデミックのために一時帰休せざるを得なかったスタッフを再雇用し始めている。

しかし，その後国境が開放されたことで，地元の観光地が見捨てられた。国内旅行しか許可されていなかった頃は，地元の観光地が国内旅行者のターゲットだった。政府が国内旅行を緩和したとき，国内旅行者が当然視された短い開放期間中に，不幸なことがたくさん起こった。観光客の健康と安全は軽んじられ，ボートやフェリーが定員オーバーになった島もあった。

多くの観光客が突然到着したことに地元企業が便乗したケースも多かった。ホテルやレストランで観光客に過剰な料金を請求する者もいた。不正行為や過剰請求のケースはニュースの見出しを飾り，地元住民の間のソーシャルメディア上で強い批判を浴びた。彼らは，ロックダウンの解除が一時的なものに過ぎないことを懸念し，地元の観光客や産業界に観光ラッシュをもたらした。

この国内観光のラッシュは，観光産業にとって，それまでの２年間の失われた収入を補うためのチャンスであった。マレー半島側の有名な島であるレダン島をざっと見ると，地元の業者が観光再開時に業務を最大化しようと試みたことがわかる。旅行者は受け入れ可能な容量を超え，十分なライフジャケットやガイドがいない状態になり，予期しなかった事故に対してボートに危険が伴うことになった。これらの観光地，特にランカウイ島では，観光客が別の観光地を求めるようになり，同地が見捨てられるようになった。かつては学校の休みの時に特に混雑していたランカウイ島は現在では静まり返っている。

10　前途多難

観光はマレーシア経済にとって愛おしいセクターであり，国の収入のナンバーワンであった。今日，観光による収入は３位であり，もはやかつてのようには注目されていない。コロナ期に観光関連セクターのインセンティブで支払われていた観光への年間予算は削減されている。同時に，特にメコン川流域の国々（ベトナム，ミャンマー，カンボジア，ラオス，タイ）の観光地の勃興は，多大な金を支払うマレーシアの観光客の訪問先となっており，マレーシア観光に対して強力な脅威になっている。他方，マレーシアにおける外国人労働者の喪失は回復に時間がかかりそうである。ランカウイ島など，マレーシアの非課税観光地は苦しんでいる。ランカウイ島はチョコレート，酒，車など，安い輸入品で知られていたが，現在では世界的な供給網が十分機能していないためにこの島を打ちのめしている。

コロナ後，観光には様々な困難がいまだに残っている。観光を維持するには地方の観光客と地元の人々からのサポートが求められる。マレーシアは観光産業を強化するチャンスがあるが，残念ながらオペレーター，ビジネス，観光客の信頼関係が壊れている。観光の短い営業期間がもたらすたくさんの不運によってランカウイ島から現地の人々が離れていった。これらの地域へのリピート客は今では信じられないぐらい低くなった。

同時に，マレーシアではコストの上昇と政治的な不安定さの困難に直面している。生活費や旅費の高騰は人々の旅行を慎重になっている。現在，インフレに直面し，モノや食べ物，ホテル，サービスなどの料金が上昇している。リンギットは主要通貨，特にUSドルに対して大きく低下しており，海外旅行がより高価になっている。

他方，世界は中国に対しCOVID-19のまん延の責任を求めていたが，パンデミックの憂鬱さが過ぎ去ると，マレーシアを含んだ多くの国々にとって，中国は再び訪問者の主要供給源になった。しかし，地元のツアーオペレーターはコロナ期に中国人観光客に対してひどい扱いをしており，中国人観光客にとって負の烙印になっている。中国人は将来的には以前のようにマレーシアを訪問するようになるだろうが，彼らの到着は極めて遅いだろう。

11　今後の方向性

COVID-19は世界中の観光をリセットした。これは，我々にとってコロナ前の観光運営の過去の間違いを正す機会になった。COVID-19の間，我々が行った正しいことを今後も続けるべきである。パンデミックが既存のビジネス運営や経済の景観を変更したので，新しいビジネスモデルが求められる。 KPGM Malaysia［2020］は，「ニューノーマル」のビジネス環境はより地元重視で，技術の活用によってデジタル化し，労働者の再配置やコストカットが起こり，より効果的なデータ運営が行われ，財政とサプライチェーンの耐性が強調されると指摘している。

しかし，Chan［2021］によると，ビジネスモデルは重要だが，旅行行動の変化のカギである産業の参加者の要求を理解することが重要で，「ニューノーマル」の観光ビジネスの景観を理解することが求められる。今までは，マレーシアの主な観光地を概観し，「オールドノーマル」の観光客の行動やツアーオペレーターのサービスを見てきた。今では，ソーシャルメディアとデジタル技術への依存が今までないぐらい大きくなっている。

世界の観光は2023年にゆっくりと回復しつつあり，国際観光客はコロナ前の80%の水準に達し，国際旅行者は２億3,500万人と推計された。マレーシアでは，2025年には国際観光客がコロナ前の水準に回復すると推計され，2,350万人の国際観光客と768億マレーシア・リンギットの収入が期待されている（Mahavera［2023］）。2022年の国内観光は１億7,160万人の観光客であり，前年度比160%の増加であった（The Malay Mail［2023］）。

COVID-19では社会的・経済的な耐性があることが観光地に求められた。マスツーリズム，オーバーツーリズム，アンダーツーリズムからの教訓から，いくつかの観光地では観光客によるダメージを限定するようになった。年間3000万人も観光客が訪れるベネチアでは，保全の財源のために日帰り客に対して５ユーロを課すようになった。地元の文化や宗教を尊重しない不届きな観光客にうんざりし，バリ政府は特に聖山へのハイキングを禁止した。

マレーシアでは，コロナ禍の経済対策として何年間か地元の観光関係者に行われていたインセンティブが過去のものになりつつある。民間セクターは自分自身で生き残らなければならない。キャリング・キャパシティや保護，保全，観光の均衡のことについて言及していても，背後には多くの利害関係者がいることを理解しなければならず，観光地は経済的に最初に生き残らなければならない。COVID-19の間，観光は持続可能性に関する行程表を推進する機会になったが，COVID-19が落ち着いたとき，観光は従来通りのビジネスに戻り，東南アジアの国々はお互いにマーケットとして争うことになるだろう。

（朝水宗彦訳）

◉参考文献

Arokiasamy, A.R.A, Smith, P.M.R, Kijbumrung, T.［2021］Conceptualizing Post-COVID-19 Malaysia's Tourism Recovery: An Auto-Regressive Neural Network Analysis, Emerging Science Journal（ISSN: 2610-9182）Vol. 5, Special Issue "COVID-19: Emerging Research",（www.ijournalse.org, last view August 20, 2023）.

Balasingam, A.S, Hanafiah, M.H, Nair, V.［2021］'Implications of COVID-19 pandemic on tourism businesses in Malaysia: Evidence from a longitudinal industry perception survey', ICME 2021（http://icmie.nilai.edu.my/icmie/images/eProceedings%20of%20ICMIE%202021/ICMIE%202021_ID42.pdf, last view 12 June 2023）.

Bernama [2020] 'Get Ready for the 'New Normal', Post-MCO'. (https://www.thestar.com.my/news/nation/2020/05/09/with-mco-phase-4-ending-soon-willlife-in-malaysia-return-to-normal, Last view on September 22, 2020)

Bird, T. [2020] 'This year is about survival': on Langkawi, Malaysian holiday island, tourism staff and businesses stretched by Covid-19 (https://www.scmp.com/lifestyle/travel-leisure/article/3106775/, last view 20 April 2023).

Bruno, P. [2012] 'How mass tourism is destroying Bali and its culture, SBS News, (https://www.sbs.com.au/news/article/how-mass-tourism-is-destroying-bali-and-its-culture/, last view May 3, 2023)

Chan, J. [2021] 'Domestic Tourism as a Pathway to Revive the Tourism Industry and Business Post the COVID-19 Pandemic', ERIA Discussion Paper Series No. 392 (https://www.eria.org/uploads/media/discussion-papers/ERIA-Research-on-COVID-19/Domestic-Tourism-as- a -Pathway-to-Revive-the-Tourism-Industry-and-Business-Post-the-COVID-19-Pandemic.pdf, last view 20 September 2023).

Gardini, M., 'Covid-19 [2020] 'Is the Tourism Industry at a Crossroads?' (https://www.hospitalitynet.org, last view on 12 October 2020)

Hanafiah, M. H., Balasingam, A. S., Nair, V., Jamaluddin, M. R., & Zahari, M. S. M. [2021] Implications of COVID- 19 on Tourism Businesses in Malaysia: Evidence from a Preliminary Industry Survey. *Asia-Pacific Journal of Innovation in Hospitality and Tourism*, 10. 81–94.

Hijino, K.V.L [2020] 'Kyoto and the Peril of Over Tourism: Interview with Mayoral Candidate Murayama Shōei' (https://www.nippon.com/en/japan-topics/c07701/kyoto-and-the-peril-of-overtourism-interview-with-mayoral-candidate-murayama-shoei.html, last view June 14, 2022).

Hin, Y. S. [2022] Personal Interview, February 23, 2022.

KPMG Malaysia [2020] Get Ready for a Post-MCO Reset, April 2020. home.kpmg/my/en/home/media/press-releases/2020/05/get-ready-for-apost-mco-reset.html (accessed 1 May 2020).

Mahavera, S. [2023] How Tourism Malaysia is building back the sector in the post-Covid era' (https://www.thestar.com.my/news/focus/2023/07/23/how-tourism-malaysia-is-building-back-the-sector-in-the-post-covid-era, last view on 1 September 2023).

MOTAC [2021] 'MOTAC's Efforts to Assist the Tourism Sector Affected by the COVID-19 Pandemic Feedback on The Press Statement by Malaysian Association of Theme Park & Family Attractions (MATFA) on Malaysian Tourism Industry' (https://www.motac.gov.my/, last view 12 May 2023).

Talamantes, A. [2020] 'Phuket 'goes local' amid COVID-19 tourism slump', Nikkei Asia (https://asia.nikkei.com/Life-Arts/Life/Phuket-goes-local-amid-COVID-19-tourism-slump, last view 15 April 2023).

The Malay Mail [2020] 'Report: AirAsia to lay off 250 staff members following Covid-19 downturn' (https://www.malaymail.com, last view September 25, 2023).

The Malay Mail [2022] 'Kuala Besut boat collision: Tourist boat passengers exceed permitted capacity, says Marine Dept' (https://www.malaymail.com, last view February 25, 2023).

The Malay Mail [2023] 'Stats Dept: Malaysia's domestic tourism surged 20pc in Q2 2023 with 54.5 million visitors recorded' (https://www.malaymail.com/news/malaysia/2023/09/15/stats-dept-malaysias-domestic-tourism-surged-20pc-in-q2-2023-with-545-million-visitors-recorded/91071, last view 22 September 2023).

The Sun [2022] 'Hatyai Becomes Vibrant Again Driven by Malaysian Tourists' (available at www.thesundaily.my, last view on December 30, 2022)

UNCTAD [2021] 'Global economy could lose over $4 trillion due to COVID-19 Impact on Tourism' (https://unctad.org/news/global-economy-could-lose-over-4-trillion-due-covid-19-impact-tourism, last view on June 6, 2023).

UNWTO [2020] 'World Tourism Barometer', Vol. 18, Issue 1 (https://webunwto.s3.eu-west-1.amazonaws.com/s3fs-public/2020-01/UNWTO_Barom20_01_January_excerpt.pdf, last view on 5 June 2023).

Victor, P. [2018] 'Enhancing the tourism industry in ASEAN' (https://theaseanpost.com/article/enhancing-tourism-industry-asean, last view on 4 July 2023).

WTTC [2020] (World Travel and Tourism Council) Travel and Tourism Economic Impact. London: World Travel and Tourism Council. https://wttc.org/Research/Economic-Impact (accessed 9 January 2021).

Yunus, A. [2020] PM: Local Tourism Industry Will Need Four Years to Recover, 6 July, New Straits Times. https://www.nst.com.my/news/nation/2020/07/606284/pm-local-tourismindustry-will-need-four-years-recover (accessed 3 March 2021).

Yusri, M. [2022] 'Robots to the rescue of restaurant industry' (https://www.thesundaily.my/home/robots-to-the-rescue-of-restaurant-industry-MA9640583, last view 23 September 2023).

Zhao, Weiwei and Huang, Yanling, "How Does Virtual Tourism Affect the Real Tourism: A Perceptual Perspective of the "New Generation" in China" [2022] Travel and Tourism Research Association: Advancing Tourism Research Globally. 30 (https://scholarworks.umass.edu/ttra/2022/researchabstract/30, last view on September 26, 2023)

第**4**章

日本でのCOVID対策の奇跡の理由—同調圧力への弱さか主体的個人の衛生意識か

◉要旨

本章では，日本でのコロナウイルス感染拡大対策が成功を収めているにもかかわらず，否定的に見なされている理由として，日本型コロナ対策が同調圧力の結果と捉えられているということを確認し，この見解が的確かどうかを検討する。そのために，以前から日本文化において受け継がれてきた衛生行動を考察しながら，これらの多くが私的な空間で行われているため，同調圧力では説明しがたいと主張する。また，公私の衛生行為に対する主体的動機づけの国際比較調査を元に，日本人が，これらの行為を英語圏人と同じほど主体的に行っているという結果を報告して，ヴィジュアル・マネージメント（５Ｓ）という手法を使って，日本型感染症対策の普及を推薦する。

武本Timothy　（たけもと・てぃもしー）

山口大学経済学部観光政策学科教授。エジンバラ大学哲学・日本学（スコットランドの）修士課程を修了後，久留米大学比較文化研究科にて後期博士課程満期退学。
久留米大学にて英語・比較文化心理学講師を務めた後，2003年に山口大学経済学部の准教授に就任。2018年より現任。現在，英会話・異文化コミュニケーション論・日本文化宗教論・観光文化心理学を教えながら，日本人の自己視的自己意識や，スタンプラリーやツーショットなどの観光行動を研究している。

蔡黎星　（サイ　レイセイ）

立命館大学経営学研究科企業経営専攻（2022年４月から）。組織経済学の理論研究。上海建橋学院外国語学部日本語学科卒業，2021年に山口大学経済学部の研究生として武本Timothy担当のゼミに参加。

1　日本のコロナ対策が本当に奇跡であったかどうか

まず本節では，日本のコロナ対策が欧米諸国と比べて，実際に奇跡的なほど効果的であったことを確認したい。

日本のコロナ対策の良さを最も鮮明に浮き彫りにするのは，日本におけるコロナ感染による死者数の少なさである。オーストラリアやカナダのような人口密度の低い国は別として，本章第一著者の母国のイギリスを含めて，ヨーロッパ諸国や北米では，人口当たりのコロナ感染による死者数が日本の約6倍であった（本書第5章，立山［2024］）。それには，医学的な対策や，日本人のコロナ渦前からの健康水準や，日本人の遺伝子の特長も影響したと思われるが，日本でのコロナ感染による死者が少なかった理由に，態度と行動などのソフトの面がコロナ感染を防ぐことに成功できたと論じられている（Aldrich & Yoshida［2020］）。

もし，日本で見られていたような態度や行動がイギリスでもとられ，日本並みに人口当たりの死者数を抑えることができたら，死亡した13万人のイギリス人は現在も生きているはずだと考えられる。アメリカ国内でも，日本で行われたようなコロナ対策が実践できたとしたら，100万人もの死者が救われた可能性があるという計算になる。このような尊い命と近親者の悲しみも防ぐことができたかもしれないので，日本で行われた対策方法と類似したものが行われていれば非常に望ましく，日本の対策方法を世界的に広めることが重要であるとも思われる。しかし，極めて残念なことに，あれだけ成功した日本のコロナ対策は，他国で取り入れられるどころか，否定的に捉えられることが多い。日本のコロナ対策は国外でどのように捉えられているのだろうか。

諸外国における日本のコロナ対策の評価

まず，アメリカやイギリスのように爆発的に拡大しなかったことが注目された（Reidy［2020］）。ごく一部の評論家の中では，日本の対策を広言（PR）し，普及すればいいと訴えた（Goto［2020］）。

しかし，日本人がコロナ対策をきちんと行ったのは，「日本人特有の仲間はずれを恐れる性質」(Rich & Dooley [2022]),「ピア・プレッシャー」(Saito [2020]),「同調圧力に弱い性質」(勝部 [2020])が原動力になったとされ,「同調圧力に弱い日本人の性質に頼る日本のコロナ対策」として否定的に論じられた(Iwanaga [2020])。さらに,「日本の社会はあまりにも圧力が強すぎて窒息死するような暗いところ」(Imahashi & Shibata [2020])だと指摘され,世界各国が日本の対策をならおうとしなかっただけではなく,日本から学ぼうとする動向もなく(Tandler [2022]),逆に日本政府が他国のような厳しい法律を施行できなかったことが批判された(Aldrich & Yoshida [2020],勝部 [2020])。

日本での成功例がこのように否定的に捉えられることは少なくない。例えば日本の医療教育(Mizuki et al. [2021])や医療システム(Asai et al. [2022])や高校でのスポーツ教育(西尾他 [2021])などの日本における社会的現象の有効性が報告されながらも,それは同調圧力の結果なので,他国が日本を見習うどころか,日本が自由な選択が行われている「先進国」(西尾他, 同上)に学べばよいという論著が多く見られる。

2 日本人の衛生文化

本書の第5章(立山 [2024])では,日本のコロナ対策を成し遂げた制度・行動が最も直接的に紹介されている。本章では,このような中心的な対策行動に加え,コロナ感染対策に貢献した普段から行われてきた衛生行動を取り上げて考察する。

多くの日本人は,コロナ感染拡大対策の最前線にいる医療関係者,特に「お医者さま」に対して,二重の敬称(Guest & Parr [1989])を使って敬意を払い,お中元やお歳暮をしたりする。しかし,日本人は世界的に医師に対する信頼度が40%と特に低い(Statista Research [2022])とも報告されており,医療関係者に対して,あるいは少なくとも医師に対して敬意を表すのは人々が保健医療従事者を尊敬しているからなのか,それとも,敬語など尊敬もどきのリップサービスを使わないと,適切な治療が受けられないと恐れているかは定かではない。

ただ，個室や自宅などで行われている衛生行動については，同調圧力に動機づけられていない可能性が高いと思われる。以降の節では，イギリスでは稀にしか見られない日本の衛生文化や行為のいくつかを考察しながら，これらの行為が個々人の清潔感などの主体的な理由からか，高圧的な医師による指示など外的・社会的な圧力を恐れて行われているからなのかを考えていく。

公道・公共の場所の清掃

例えば，日本人の清掃行動には，自宅や個人の店舗の前の公道を掃除することがある。もしかしたら，そうした行動の理由の一部は確かに同調圧力もあるかもしれないが，イギリスであれば，法律的に掃除する義務が定められていない限り，つまり究極の外圧がない限り，誰も公道を掃除はしないであろう。このような公の場の掃除をさせるためには，罰金を課するか，それに見合う賃金を支払らわなければ，つまり何らかの法的・経済的な具体的インセンティブがない限りは誰もしない。イギリス人は同調圧力に強く，究極の外圧がない限り掃除係にならないとも言えるだろう。そこで，日本人が自宅や店舗の周りにある公道などを掃除することなど，日本人の衛生行為が本当に同調圧力に対する弱さの結果であるのか検討したい。

掃除用具に対する意識

他にもイギリスでは見られない現象として，市街の歩道やバス停や無人神社の境内など，公共の現場に箒などの掃除用具が備えられていることが挙げられる。掃除道具が監視されていない公共の場に置かれていれば，イギリスであれば，盗まれたり，壊されたりするであろう。掃除道具や洗剤が公共の場に置かれていてもいたずらされないことは，日本人が掃除や衛生行為に対する敬意を払っていることを示しているように思われるが，これも罰金など社会的制裁を恐れているからだと考えることもできる。

しかし，例えば日本のコンビニエンスストアでは，個室トイレ内に洗剤やトイレットペーパーが置かれていることが多い。イギリスであれば施錠された棚等に入っていないかぎり，そういった備品は盗まれるであろう。トイレ横のペーパーでさえ，特別な防犯措置がなければ盗まれるのだ。

市街の歩道の清掃行動や，公の場での掃除道具が盗まれないのは，同調圧力で説明することが安易にできるが，個室であっても洗剤やペーパーが盗まれないことは同調圧力で説明することがより難しくなってくる。次節以降，コロナ・ウイルス対策として起用された行動を考察しながら，これらの行動が同調圧力の結果でありうるかどうかを考えていく。

3　コロナ・ウイルス感染対策になる日本の日常茶飯事

日本で日常茶飯事だが，欧米諸国ではあまりないような身近な衛生行為は，どのような理由で行われているかは別として，コロナ感染対策に貢献したと思われる。

例えばイギリスやアメリカではお風呂あがりやシャワーの後，大きなバスタオルを使用する。保健の専門家でも「使用回数３～５回」「１週間に１回」しか洗濯しなくてもよいと推薦する（Alice［2009］）。一方，日本では伝統的に，１回限りで使うより清潔なタオルが一般的である。洗濯されていないバスタオルは感染のもとにもなり（Abrams［2017］），タオルを１回使用するごとに洗濯することは感染予防になるが，そのようにすべきと圧力をかける人はどこにもいないであろう。

日本人特有の広い対人距離

イギリスでは普段から，挨拶として握手をするし，見知らぬ人との対話も多く，ナイトクラブなどでも対人距離（ソーシャルディスタンス）を日本ほど保たない。日本ではそもそも対人距離が広い。日本を対象にしない国際調査では，対人距離が一番遠い国・ルーマニアであっても，1.2メートルという結果が報告されている（Sorokowska et al.［2017］）が，日本はその２倍以上，３メートルぐらいがぎりぎりの線で，見知らぬ人にそれより近寄ることを遠慮する傾向がある（渋谷［1985］）。日本人はそのような広い対人距離を保つために，例えばお店の通路ではダンスするような感覚で背中合わせですれ違う（Senft et al.［2020］）。

世界的に珍しい「包装文化」

その他にも日本では「包装文化」と呼ばれる（Hendry［1995］）ほど，様々なものを丁寧に包装することが有名だ。例えば，クッキーもリンゴもバナナも包装することがある。「バナナには自然の包装があるのに，なんでまた包装するのか」と，日本人の「包装癖」は否定的に捉えられることが少なくない（Maher et al.［2014］）。しかし，包装は媒介感染を防ぐことがあると思われる。日本では，リンゴも包装されるだけではなく，リンゴやブドウでさえも皮を剝いて食べることが多い。アメリカの映画では，「ブドウをむいてよ」（Ruggles［1933］）というのは行き過ぎたお願いとしての名セリフで，自分の子供にもリンゴの皮をむかないで，そのまま食べさせるのが普通であり，子供のためであってもブドウをむいてあげることはない。日本では商品が包装されていなければ顧客から文句が出たりするであろうが，日本のお母さんたちが果物の皮をむくように圧力をかけられているとは想像しがたい。

直接触ることを忌む文化

土足が禁止であることも日本の住宅では当たり前である。コロナ・ウイルスが一番溜まるところは床だという研究がある（Petrilli et al.［2020］）が，イギリスでは住宅だけでなく,医療現場にさえも，外から歩いてきてそのまま靴を履き換えずに入っていくことが多々ある。また，最も汚れている部屋に出入りするために備えられている「トイレ・スリッパ」という概念はイギリスでは存在しない。マスク警察（北村［2022］）が日本にいるとしても，トイレ・スリッパ警察はいない。

今となっては恥ずかしく思う私の日本の衛生文化に対する誤解を紹介しよう。日本でタクシーから降りようとするときに，「なぜ運転手が勝手にドアを開けるのか，自分ができないとでも言うのか，余計なお世話だ」と思い，何度も勝手に自分の手で開けることがあった。今思えば，ドアを開く高価な装置を付けてくれているのは，乗客の手間を排除する思いやりであると同時に，タクシーのドア・ハンドルを乗客が汚さないことも心掛けているであろう。著者がタクシーのドアを開けてから，その後でタクシーのドアを殺菌している運転手を想像すると，恥ずかしくて仕方がない。もう１つの誤解は，「ネイル・ブラッシュ」という商品をなかなか見かけないので，日本人は爪裏を掃除しないと思い，「日本人は汚い」と勘違いしていたことだ。しかし，実際には，日本人なら爪裏を汚すような作業をする前に，イギリスに存在もしない「軍手」という驚くほど安い綿製手袋をはめてから作業することが多いため，そもそも爪裏を汚したりはしない。ドアを開けてくれないタクシーを避ける乗客がいても，「軍手警察」はいないであろう。

日常的な「制服」

また日本文化のなかで，否定的に取り上げられていることが多いのは日本の制服である。自衛隊・警官・高校生の制服やメーカーなどの作業服，病院の白衣などの公式な制服だけはなく，日本の主婦のエプロン，サラリーマンのスーツ，チンピラのアロハシャツなど「一種の制服」といわれる非公式な制服も注目される（McVeigh［2000］）。イギリス人は制服を避け，外でも家でも自由な服を着るのを好む。日本の方がこのような「制服」をいかなる理由で着用しているかは別として，いずれの場合も，自宅に帰ると，それを脱いで別の服に切り替えることが多いと思われる。これもコロナ感染対策にもなったと思われる。帰宅後の着替えを確認し，強要するような他者がいる場合は少ないであろう。

靴を履き替え，着替えることは共住者の感染リスクを低くすると思われるが，日本ではそもそも共住しない場合が多い。多くのイギリス人は大学・大学院・若い社会人時代において，シェア・ハウスに住む。自分ひとりの寝室は個人部屋だが，玄関・台所・風呂場・トイレは，経済的な理由で共有される。しかし，日本では大学生でも親からの仕送りがなくても自分のみの玄関・台所・風呂場・トイレが独占できるワンルームマンションに住むことが多い。同調圧力のかけようもない一人暮らしの住宅に住む多くの日本人は，それでも土足禁止などの習慣で自宅を清潔に保っていると思われる。

自販機大国・日本

また，日本は自販機大国である（岡田［2018］）。すなわち日本では誰とも接することなく様々な物を自動販売機で購入することができ，コロナ感染拡大予防には貢献できたと考えられる。イギリスでは人目がないところに自動販売機が設置されていれば，壊されて商品が盗まれてしまうので，自動販売機があるのは駅の構内などの監視される場所のみである。日本では山道・田舎など辺鄙な，同調圧力などかけられようもない場所でも自動販売が設置されることがよくある。

日本特有のトイレ文化と身体的な美意識

トイレ・スリッパという習慣以外でも，日本のトイレ文化は綺麗で清潔なことが世界的に有名である（Humphries［2023］）。例えば，日本の列車で，便座など何も触らなくても使用できる男性用便器が備えられているが，イギリスの列車では，汚くなることが多い男女兼用のトイレしか提供されていない。他にも日本では公衆トイレの男性用便器の横に，床に荷物を置かなくてもよいように，傘や鞄をかけるフックも提供されている。そのような心使いはイギリスでは見かけない。現在では日本の多くのトイレにウォシュレットなどの洗浄便座があるので，日本人のお尻が世界一清潔かもしれない。日本の自宅でも男性は座って排尿することが多々あると思われる。この習慣は，イギリスではなかなか取り入れてもらえない。そして，日本のトイレの多くでは手洗いが備え付けられており，個室内で自分の手を洗い，清潔になってからトイレから出られるようになっている。このような個室の中の文化慣習は，少なくとも一人暮らしの場合では，同調圧力で説明しにくい。

日本人は，体臭を香水で隠し，接着剤のような制汗剤を使って，毛穴をふさぐのではなく，より頻繁にシャワーやお風呂で身体を綺麗にする傾向がある（Hirsch［2016］）。一方，イギリス人の約42%は制汗剤を使う（Statista Research［2022］）。

「断捨離」を尊ぶ文化

日本の伝統家屋は非常に家具が少なく（天声人語［2023］）整理整頓されている傾向があるが，イギリス人の住宅では居住者が持っているものを誇示したいかのように，家具・絵画・アンティーク・雑貨で溢れた内装を比較的好む傾向がある。イギリスでも，断捨離（decluttering）は存在しなくもないが，ジャパニーズ・アートと意識されることが少なくない（Kondo［2014］）。断捨離も多くの自宅内習慣同様に，同調圧力で説明することが難しい。

店員とのコミュニケーション

小売店における商品の案内方法をみてもイギリスと日本では違いがみられる。イギリス人の店員は話すことによって，店舗内の商品の位置を伝えることがほとんどだが，日本人の店員は視覚的なしぐさで「こちらにありますよ」と案内することが多い。意図的ではないにせよ対話や対話によるコロナ感染を避けることが多い。「案内」は対人行動であるから，同調圧力に動機づけられている可能性があるとも思われるが，「X番通路にあるのか」などの口頭の説明を求めてもなかなかそうしてもらえない事実から考えると，案内も顧客からの要望に応じているというよりは，店員の主体的な理由で行われていることが多いと思われる。

いくつかの場面では，日本人も清潔であることをアピールし，わざと同調圧力を呼び寄せているようにも思われる。例えば，汚れが目立たない黒やブラウンの服を好むイギリス人が多いが，汚れが目立つ色の服装を着る日本人が多いように見受けられる。あるいはラーメン屋などの食堂で，調理場が綺麗であることをアピールするためにも，調理場が丸見えになっていることが多い。イギリスのレストランでは調理場が顧客の目に触れることはない。日本人が同調圧力に弱く，他人の視線を恐れているのであれば，自分自身の行動を隠すであろうが，わざわざ清潔かどうかを人目に触れる形にしておくという行為は，同調圧力に弱い国民がしそうにないと思われる。

日常的な使い捨て食器

日本でもリサイクルに対する意識は高いが，リユースよりも割り箸や紙皿，カップなどの使い捨て食器が多いといわれる。環境保全の観点からは，リサイクルよりリユースがよい。しかし，コロナ・ウイルスのパンデミックの中では，軍手や使い捨て食器などを利用することで，感染が予防されたと考えられる。また，古着や粗大ゴミなどは日本ではリユースされないため，輸出業者がいるほどだ（Minter［2020］）。数多くの使い捨て食器，粗大ゴミなどを見て日本人がなぜもっとリユースしないのかと不思議に思うことがあるが，深い理由があるように思う。日本人は，物に対する思い入れがあり，「もったいない」（Sato［2017］）という感覚を持つ一方で，リユースよりはリサイクルできる新品を好む。リサイクルが同調圧力に動機づけられている可能性があっても，リユースするように仕向けている人はいないだろう。

4　日本の衛生文化と視覚中心主義

Takemoto と Brinthaupt［2017］は日本の「もの」に対するアニミズム的な思いは，日本人が顔・身体などの広がりのある視覚的な表象に由来すると説いた。本章では，このような物や「見た目」に対する重視は日本の衛生関心度を高めていると論じる。

例えば，健康的であると有名な医師の南雲吉則氏は『長生きしたい人は「鏡」を見なさい』という書籍を執筆している（南雲［2012］）。日本人は自分自身の姿を気にかけているからこそ，スマートでいられているとも考えられる。日本人は想像の中で自分が見えるから，自分自身の容姿を客観視することに慣れており，自分自身の姿に感情移入し，それが故に自身を清潔に保つことを重要視していると考えられる。

このような広がりのある視覚的な表象に対する思いが，日本人の清潔感・綺麗好き・潔癖主義の原動力にもなっているように思われる。またこれは，日本の宗教観においての「お天道様」やご先祖様が見ていると信じられていることに深い関係があろう。

神道との関係

また，日本固有の宗教である神道において，お祓（はら）いというのは，一種の清掃活動であると同時に，道徳的な精神衛生を保つための行為でもある。このようなお祓いがあるために，特別視される場所，聖域がある。日本人は，土俵・道場・自宅・ゴルフ場や球場など，場所に対して，清浄活動，掃除活動があり，また礼拝もする。つまり，物や場所に対して礼拝をしたり感謝したりし，その感謝の結果として清掃することがある。このような場所をわきまえる行動は，欧米社会ではほとんど見られず，街路でキスしたりする，教室などでもどこでも食べたりすることが多々ある。日本人に衛生関連行動を行うように仕向けているのは，他人からの同調圧力ではなく，お天道様・ご先祖様などの心の他人だと論じられる。

経営方法としての「５Ｓ」

この視覚重視の思想の延長線上にある，経営方法としての「５Ｓ」とも呼ばれる「整理」「整頓」「清掃」「清潔」「しつけ」を整える日本由来のビジュアル・マネジメントがある。例えば，日本の事務所で島型対向式レイアウトにおいて「誕生日席」に係長が座ることによって，部下を視覚的に能力主義的に評価することができる。目に見えるこれらの５つのものを大事にすれば，職場も効率的で環境も衛生状況が保たれる。

5　他人の目に触れないプライベート衛生行為

最後に日本で高度な衛生環境が保たれてきたのは「同調圧力」であるかどうかを検証するために，今まで見てきたプライベートな衛生行為を取り上げて実証的に調べたことを紹介したい。「プライベートな衛生行為」というのは，本人がやってもやらなくても他人は誰も監視できないから，同調圧力に動機づけられていると考えにくい行動を指す。

公的な衛生行動とプライベートな衛生行動との間には連続的な次元があると考えられる。例えば，本稿の第一著者のロードバイクのギアは，非常に汚れていることが多いが，日本で見かける他人のロードバイクはとても綺麗なものが多い。日本のサイクリストが，自分の自転車のギアを綺麗にしているのは「誰かに見られるかもしれない」と思っているとは思えないが，その可能性は否定できない。しかし，これまで見てきたように様々なプライベート場面でも，日本人は衛生行為を行っている。例えば，一人暮らしの場合，寝る前にお風呂に入っているかどうかは，チェックする他人はいない。耳掃除をするのも，誰かから同調圧力がかけられてするものではない。大学のトイレの個室には，誰も監視していないが，壁に落書きもなく，トイレのペーパーも盗まれていない。

洗浄便座を使っているかどうかは，誰かが同調圧力をかけるわけがない。イギリスでは医療現場でしか存在しない「浣腸」商品は，日本人が作成・利用・輸出している。爪楊枝を使うかどうかも，誰も確認していない。平安時代の十二単衣の時代から，日本人が自分自身の下着に大変注意を払ってきた。服装の中にある下着であるため，本人が想像的にそれを確認することができるだけで，他人は見ることができない。日本ではデコトラがあるけれども，外から見えないエンジンも綺麗にする。このようなプライベートな行為は，日本人は同調圧力ではなくて，自分自身への関心や想いから，衛生を保っていることを示していると思われる。

このような，やってもやらなくても他人には確認されることはないプライベートな衛生行為と，やらなければ他人にばれる公的な衛生行為を，Prolific.comというオンライン調査ウェブサイトを使って，自由記述によって英語圏人と日本から集めた。

またイギリス・カナダ・オーストラリアとアメリカ在住の白人英語圏人（男性44人・女性47人・平均年齢42.63歳）をProlific.comで，日本人（男性35人・女性37人，平均年齢41.08歳）をランサーズ.jpというウェブサイトを使って，それぞれ１人当たり150円と100円を支払い，自由記述によって集められた20個の行動に対して，６段法で３種類の評価をしてもらった。３つの評価とは，それぞれの衛生行為について他人が確認できない「どれだけ秘密なのか」，「どれだけ他人のためにしているか」，そして「どれだけのために自分自身のために行っているか」という評価であった。

そして仮説の検証方法について，自分のために行っているかの度合から，他人のために行っている度合を差し引いて，「主観的な動機づけ」の度合を計算した。そして，「日本人が同調圧力をかけられているから衛生行為を行っているのではなく，少なくとも英語圏人と同じほど主体的な関心から行っているのである」という仮説を検証するために，英語圏人と日本人の被験者のデータから，

① 各衛生行為について，主観的な動機づけ対秘密の度合の相関

② 最も公的な衛生行為と，最も秘密の衛生行為の主観的動機づけの比較

を計算した。

6　日本の衛生行為は特に同調圧力に動機づけられているものではない

①各衛生行為について，主観的な動機づけ対秘密の度合の相関は，日本（r = 0.13）でも英語圏（r =0.01）でもほとんど相関が見られなかったが，日本において主観的に行う度合と秘密性の相関がわずかながら高かった。

②最も私的で監視されずに行われている衛生行為８個と最も公的で非秘密で行われている衛生行為８個の英語圏と日本の主観的動機づけは，**図表４－１**で示されている。

図表４－１　私的と公的な衛生関連行為における主観的動機づけ

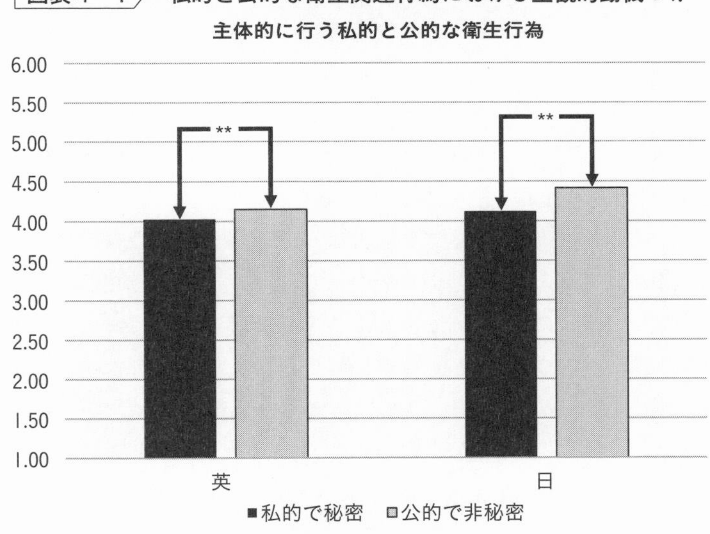

英語圏人においても，日本人においても，顔を洗うなどの公的で非秘密である衛生行為に対する主観的動機づけは，私的で秘密の衛生行為の動機づけも僅差ではあるが高かった。また t 検定の結果（英語圏 $p<.007$，日本 $p<.004$），それぞれの差は両文化において優位に高かった。

本結果は，確かに日本人は顔洗い，身だしなみなどの，他人確認可能な衛生関連行為は，耳掃除など他人に確認できない衛生行為より有意により主観的に動機づけられているということが分かった。けれども，日本人の衛生行為の動機づけは英語圏人と同じほど主観的に動機づけられていることが分かった。

日本人の行動が同調圧力に動機づけられていると考えること自体，近代欧米的な世界観にもとづいているところがある。これまで述べてきたように，日本人は視覚的な現象に注意を払うと思われる。デカルト（Descartes［1641］）以降の欧米の伝統では，自己は思考するもので客観的である言語にあり，また「粒子」などの科学の言語に該当する物体は実在する。一方，広がりのある視覚意識は表面的であり，主観的でなくてもよいものとされ，知覚される理由さえも理解されていない（Chalmers［1995］）。このような欧米的な世界観をもって，視覚的な情報を重視することは，他人の視線を重視することに等しいと思われがちである。しかし，マッハ（Mach［1897］）や西田（西田［1979］）が説くように，「視野」（Mach, ibid）・「環境」（西田, ibid）・あるいは「クオリア」（Chalmers,同上）とも呼ばれる視覚的感覚質こそ実在し，科学の言葉が感覚質の説明に過ぎないという世界観からすれば，言語・合理的に考えて行動することこそ群れの行動（Ariely［2007］）であり，視覚的情報を重視するのはものごとの本質を重視することに他ならない。

日本人が衛生関連行為を行っているのは，同調圧力をかけられているからではなく，主体的に行っているという仮説は証明されなかったが日本で多くの命を救うことができたコロナ対策は，少なくとも外国人と同じほど，各人が自分自身のために行っていることが示された。ただし，何でも肯定的に表現する傾向がある（Heine et al.［1999］）欧米人は衛生行為について「やっているよ，俺のためにやっているよ」と誇示する可能性が高く，実際の現場を調査すると異なる結果になると思われる。そのため，今後これまで述べてきたような誇示を目的としない「秘密の掃除」が，実際に行われているかどうかを観察によって調査する研究が待たれる。

最後に，日本的なコロナ対策は同調圧力によって動機づけられている面があるにせよ，英語圏人と同じほどであり，「窒息死するほどの社会」的重圧のなかで行われているのではないことが確認できたので，日本型伝染病の予防法が広められたらよいように論じられる。また，このような対策は，「見える化」や「５Ｓ」の視覚的経営方法を使って実施できると考えるので，パンデミックが再来する場合，ビジュアル・マネジメント（Bell & Davison［2013］）を駆使した対策方法を推薦することで本章を締めくくる。

◉参考文献

Abrams, A.［2017, September21］Your Towels Are Way Dirtier Than You Think. *Time.* https://time.com/4918624/wash-towels-bacteria/

Aldrich, D., & Yoshida, T.［2020］How Japan Stumbled into a Pandemic Miracle. *Current History, 119*, 217-221.https://doi.org/10.1525/curh.2020.119.818.217

Alice.［2009, February13］Okay to Reuse Bath Towels? The Go Ask Alice: Columbia University Health Promotion Specialists Team Website. https://goaskalice.columbia.edu/answered-questions/reusing-bath-towel/

Ariely, D.［2007］*Predictably Irrational.* Harperluxe.

Asai, A., Okita, T., & Bito, S.［2022］Discussions on Present Japanese Psychocultural-Social Tendencies as Obstacles to Clinical Shared Decision-Making in Japan. *Asian Bioethics Review, 14*(2), 133-150. https://doi.org/10.1007/s41649-021-00201- 2

Bell, E., & Davison, J.［2013］Visual Management Studies: Empirical and Theoretical Approaches*. *International Journal of Management Reviews, 15*(2), 167-184. https://doi.org/10.1111/j.1468-2370.2012.00342.x

Chalmers, D. J.［1995］Facing up to the Problem of Consciousness. *Journal of Consciousness Studies, 2*(3), 200-219. http://www.ingentaconnect.com/content/imp/jcs/1995/00000002/00000003/653

Goto, S.［2020, March 24］Don't squander the chance to shine as a COVID-19 outlier. *The Japan Times.* https://www.japantimes.co.jp/opinion/2020/03/24/commentary/japan-commentary/dont-squander-chance-shine-covid-19-outlier/

Guest, H., & Parr, B.［1989］Feeling Ill. In H. Guest & B. Parr (Eds.), *Mastering Japanese* (pp. 110–119). Macmillan Education UK. https://doi.org/10.1007/978- 1 -349-19825- 2 _11

Heine, S., Lehman, D., Markus, H., & Kitayama, S.［1999］Is There a Universal Need for Positive Self-Regard? *Psychological Review, 106*(4), 766–794. https://www2.psych.ubc.ca/~heine/docs/1999universal_need.pdf

Hendry, J.［1995］*Wrapping Culture: Politeness, Presentation, and Power in Japan and Other Societies.* Oxford University Press, USA.

Hirsch, P.［2016］How Do People in Other Countries Take a Bath? ¦ Soakology. https://www.soakology.co.uk/blog/bathing-habits-of-the-world/

Humphries, M.［2023, October 6). I Visited Japan and Fell in Love with the Country's Bathrooms. Yahoo News. https://uk.news.yahoo.com/visited-japan-fell-love-countrys-160628977.html

Imahashi, R., & Shibata, N.［2020, November 17］Japan's virus vigilantes underscore "suffocating" society—Nikkei Asia. https://asia.nikkei.com/Spotlight/Asia-Insight/Japans -virus-vigilantes-underscore-suffocating-society

Iwanaga N. [2020, May 25]「PCR検査論争」が不毛な理由 同調圧力が支配する日本の感染症対策を考える. BuzzFeed. https://www.buzzfeed.com/jp/naokoiwanaga/covid-19-kentaro-iwata-1

Kondo, M. [2014] *The Life-Changing Magic of Tidying Up: The Japanese Art of Decluttering and Organizing*. Clarkson Potter/Ten Speed.

Mach, E. [1897] *Contributions to the Analysis of the Sensations* (C. M. Williams, Trans.). The Open court publishing company. http://www.archive.org/details/contributionsto00machgoog

Maher, D. M., Milroy-Maher, D., & Eaton, D. M.-M., Photos: Joseph. [2014, September 25] Japan's Dangerous Packaging Fetish. Vice. https://www.vice.com/en/article/xd573w/japans-excessive-packaging-fetish-299

McVeigh, B. J. [2000] *Wearing Ideology: State, Schooling and Self-Presentation in Japan* (First Edition). Berg Publishers.

Minter, A. [2020, April 3] Inside the Global Trade in Japan's Second-Hand Goods. *Australian Financial Review*. https://www.afr.com/policy/energy-and-climate/inside-the-global-trade-in-japan- s -second-hand-goods-20200305- p 547cx

Mizuki, I., Yusei, T., & Rie, K. [2021] Comparison of Entrance Selection Systems for Medical Schools in Japan and the United States (Course name: What does a test measure?). *Juntendo Medical Journal, 67*(2), 103–111. https://doi.org/10.14789/jmj.2021.67.jmj20-wn02

Oshima, S. [2020, June 7] For better or worse, Japan's COVID-19 success may be the result of peer pressure. *The Japan Times*. https://www.japantimes.co.jp/news/2020/06/07/national/japan-coronavirus-success-peer-pressure/

Petrilli, C. M., Jones, S. A., Yang, J., Rajagopalan, H., O'Donnell, L. F., Chernyak, Y., Tobin, K., Cerfolio, R. J., Francois, F., & Horwitz, L. I. [2020] Factors Associated with Hospitalization and Critical Illness Among 4,103 Patients with Covid-19 Disease in New York City. *MedRxiv*. https://www.medrxiv.org/content/10.1101/2020.04.08.20057794 v 1.full.pdf

Reidy, G. [2020, March 20] Japan was expecting a coronavirus explosion. Where is it? *The Japan Times*. https://www.japantimes.co.jp/news/2020/03/20/national/coronavirus-explosion-expected-japan/

Rich, M., & Dooley, B. [2022, July 2] Japan's Secret to Taming the Coronavirus: Peer Pressure. *The New York Times*. https://www.nytimes.com/2022/07/02/world/asia/japan-covid.html

Rolheiser, D. [2021, December 12] The possible explanations for Japan's Covid-19 miracle—Todayville. *Todayville*. https://www.todayville.com/the-possible-explanations-for-japans-covid-19-miracle/

Ruggles, W. (Director) [1933] *I'm No Angel*. https://www.imdb.com/title/tt0024166/

Saito, T. [2020, June 6] Contact-tracing and peer pressure: How Japan has controlled coronavirus. *The Guardian*. https://www.theguardian.com/commentisfree/2020/jun/06/

contact-tracing-japan-coronavirus-covid-19-patients-social-etiquette

Sato, Y. [2017] Mottainai: A Japanese Sense of Anima Mundi. *Journal of Analytical Psychology, 62*(1), 147–154. https://doi.org/10.1111/1468-5922.12282

Senft, E., Satake, S., & Kanda, T. (2020). Would you Mind Me if I Pass by You?: Socially-Appropriate Behaviour for an Ommi-based Social Robot in Narrow Environment. *Proceedings of the 2020 ACM/IEEE International Conference on Human-Robot Interaction*, 529–547. https://doi.org/10.1145/3319502.3374812

Sorokowska, A., Sorokowski, P., Hilpert, P., Cantarero, K., Frackowiak, T., Ahmadi, K., Alghraibeh, A. M., Aryeetey, R., Bertoni, A., Bettache, K., Blumen, S., Błażejewska, M., Bortolini, T., Butovskaya, M., Castro, F. N., Cetinkaya, H., Cunha, D., David, D., David, O. A., … Pierce, J. D. [2017] Preferred Interpersonal Distances: A Global Comparison. *Journal of Cross-Cultural Psychology, 48*(4), 577–592. https://doi.org/10.1177/0022022117698039

Statista Research. [2022a, November 22] Trust in Doctors by Country 2022. Statista. https://www.statista.com/statistics/1274258/trust-in-doctors-worldwide-by-country/

Statista Research. [2022b, November 30] Deodorants for Men Usage by Type in the UK 2016-2020. Statista. https://www.statista.com/statistics/303525/antiperspirants-and-body-spray-deodorants-usage-by-type-in-the-uk/

Takemoto, T. R., & Brinthaupt, T. M. [2017] We Imagine Therefore We Think: The Modality of Self and Thought in Japan and America. 山口経済学雑誌 *(Yamaguchi Journal of Economics, Business Administrations & Laws), 65*(7・8), 1–29. http://nihonbunka.com/docs/Takemoto_Brinthaupt.pdf

Tandler, A. [2022, May 19] Coronavirus Pandemic: The World Could Learn from Japan – If It Only Wanted ¦ JAPAN Forward. https://japan-forward.com/coronavirus-pandemic-the-world-could-learn-from-japan-if-it-only-wanted/

岡田光雄［2018, May 9］「世界一を誇る日本の「自販機」が海外進出で失敗する理由」『ダイヤモンド・オンライン』https://diamond.jp/articles/-/169397

勝部元気［2020, April 17］「コロナ対策小ぶり小出しの安倍政権下で禍を鎮める唯一の希望」『論座』https://webronza.asahi.com/culture/articles/2020041700001.html

北村博子［2022, October 28］「マスク警察，飲食店中傷ビラ‥ コロナ禍の「民間資料」収集，研究本格化」『産経ニュース』https://www.sankei.com/article/20221028-AC 2 DUZ 6 G 2 JJI 5 BKTFN 7 U 7 QSRLQ/

天声人語［2023, September 28］「年収の壁」『朝日新聞デジタル』https://www.asahi.com/articles/DA 3 S 15753490.html?iref=ogimage_rek

南雲吉則［2012］『長生きしたい人は「鏡」を見なさい』朝日新聞出版.

西尾建，富山浩三，& 石盛真徳［2021］「日本とニュージーランドの高校部活動の国際比較研究ー複数スポーツを楽しめる環境を目指してー」『日本ニュージーランド学会誌』28(0), 11–24. https://doi.org/10.20598/jsnzs.28.0_11

西田幾多郎［1979］『善の研究』(33刷). 岩波書店.

第5章

“おねがい” ベース感染症対策の法的な基礎
―感染症法の憲法構造を基軸として

◉要旨

日本のコロナ対策は，ロックダウンに代表される法的な強制手段をほとんど用いることなく，感染者と死者を比較的低く抑えたことに特徴がある。一部の論者は，市民間の相互監視と行動抑制が法的な強制手段に代わって感染を抑えたと主張するが，インフォーマルな強制が感染制御にどれほど実効的であったかは証明されていない。むしろ，感染対策の基軸をなす感染症法は，日本国憲法25条が国民に保障する「健康で文化的な最低限度の生活」に対する基本的人権と，これを実現する政府の責務を定めるとともに，後者が公衆衛生を含むことと対応して，法的な強制を厳しく制限し，良好な医療提供体制を提供することに専念していた。ただし，その実施体制は2009年の新型インフルエンザ以降も10年以上にわたって政府によって弱体化させられた結果，医療・公衆衛生関係者に過度の負担をかけたことを見落としてはならない。

立山　紘毅（たちやま　こうき）

山口大学大学院東アジア研究科教授

1982年鹿児島大学法文学部法学科卒業，1984年名古屋大学大学院政治学研究科博士前期課程修了（法学修士），1987年同博士後期課程単位取得退学。1987年山口大学経済学部講師，助教授を経て現職。

憲法学・情報法学専攻，著書に『現代メディア法研究』（日本評論社・1996年（単著）），ほか共著書多数。いわゆる「マスコミ法」のみならず，個人情報保護と情報公開法制，インターネット上の各種法問題について専攻するほか，地域自治体の政治・法的課題について発言。

1　低い感染水準と小さな法的強制

日本におけるコロナ禍の特徴として，一つには人口当たりの死者を比較的低く抑えられたこと（**図表５－１**参照），二つ目にロックダウンに代表される罰則付きの行動制限をほとんど伴わずに達成してきたことを挙げることができる。

図表５－１／ 人口百万人あたり累積確認死亡者（すべての国・地域ではない）

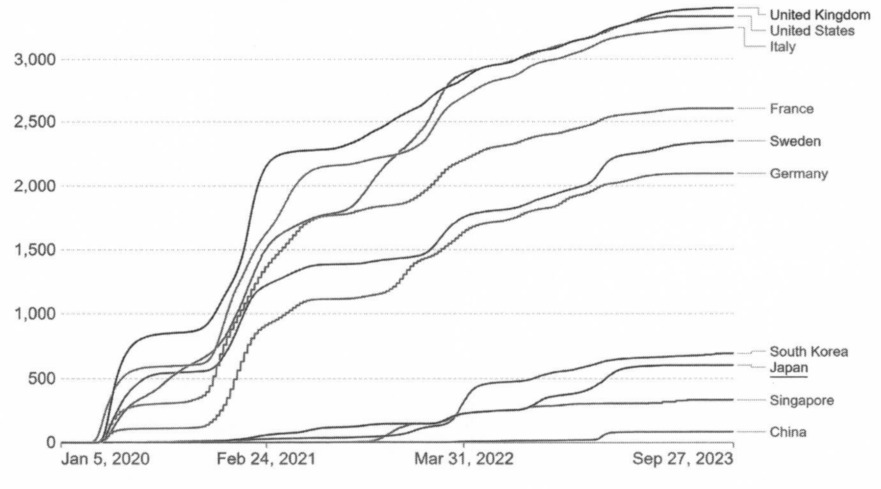

もちろん，感染死者の動向には増減があり，特にオミクロン株による感染拡大期（いわゆる第８波：おおむね2022年11月～2023年１月）に人口当たり死者数が増大した事実があるが，時期により変動が見られることは諸外国も同様である。また，新型コロナウイルス感染症がなかったと仮定したときに過去の人口動態から推定される（死因の如何を問わない）死者数を，実際の死者数がどれだけ上回ったかを示す超過死亡率は，死因を記述するプロトコルの違いをある程度捨象してコロナ禍の動向を記述できる代理指標とされているが，日本の

それはほぼ一貫して諸外国よりも低い水準を保っている（**図表５－２**参照）ので，同じく人口当たり死者数を低く抑えたことを示唆する。

図表５－２／ 各国における超過死亡率の動向（すべての国・地域ではない）

Excess mortality: Cumulative deaths from all causes compared to projection based on previous years

The percentage difference between the cumulative number of deaths since 1 January 2020 and the cumulative projected deaths for the same period based on previous years. The reported number might not count all deaths that occurred due to incomplete coverage and delays in reporting.

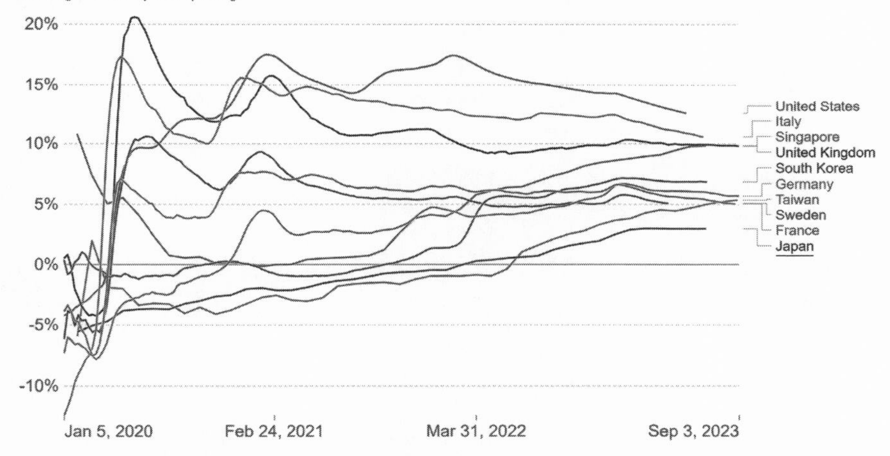

Source: Human Mortality Database (2022), World Mortality Dataset (2022)

ところが，第二点，上述の事実が法的な強制手段をほとんど伴わずに達成できていることについては，相反する二つの非難がある。

第一に，「メリハリを欠き，漫然と“おねがい”を繰り返した結果，経済活動を阻害した」というものである。この指摘には，（マス・スクリーニングとしての）PCR検査を（意図的に）低く抑えて感染の実態を隠蔽したとの指摘が付随することが多い。二つ目に，“おねがい”に応えるかのごとく生じたムラ社会的・前近代的な「同調圧力」や「自粛圧力」が社会的な活力を奪い，コロナ禍からの回復を著しく遅らせたと言うものである。

両者は微妙な協和音を奏でながら，主流派の唱える対策を批判することとなるが，これに加えて，「科学」の側が「政治」の側の決定に無力であったことの批判も常につきまとう。

2 「同調圧力」「自粛警察」は感染制御に有効であったか？

最後の点については，なるほど小中高校等に対する一斉休校要請の決定（2020年２月27日）や，いわゆる「アベノマスク」配布（第二次安倍政権下）に代表される思いつきや，医療専門家の間から強い懸念が示されたにもかかわらず強行された東京オリンピックや「Go Toトラベル」キャンペーン（菅政権下）など，科学的な吟味を経たとは到底思われないばかりか，科学サイドと政府サイドとの間の不毛な“論争”の結果，いたずらに有効な対策の遅れを招いた事実を明確に指摘できる。他方,「同調圧力」や「自粛警察」などインフォーマルな暴力が市民の間で違法不当な行動を招いた事実もあるにはあるが，はたしてそれが感染拡大の防止と死者の抑止にどれだけの影響があったのか実証的に吟味した論考は，管見の限り筆者は知らない。

むしろ逆に，たとえばワクチン接種実績を見ると日本の100人当たり接種量は，接種開始から１か月ほど経って急速に立ち上がり，２～３か月後に増加のペースが落ちる「助走→収穫逓増→収穫逓減→飽和」の典型的Ｓ字型パターンを繰り返す（**図表５－３**）。これと日本のワクチン戦略，すなわち，医療を人的に担う要であると同時に，感染リスクが高く感染センターと化す可能性が高い医療従事者のグループを先行接種させ，次に高齢者・基礎疾患保持者など重症化・死亡リスクが高いグループへ拡大し，しかる後に一般に広げる戦略とは大筋で一致するとの推論が可能ではないか。なるほど第４回接種，第５回接種と回を重ねるにつれて上述のパターンはやや崩れてきてはいるが，その理由は，いわゆる「コロナ慣れ」，特にリスクが低いとされる若年層や副反応を恐れる人々の接種控えで説明できる。

一方，第１回・第２回接種から政府の姿勢は「接種は任意」で一貫しており，広く国民に注意喚起するばかりか，いわゆる「ワクチン・ハラスメント」に対しても相談窓口を設けるなどして同調圧力による接種強制に強く警告を発していた。さらに，マスコミは当初から「同調圧力」の存在には，ほぼ一貫して批判的な姿勢で報道していた事実もある。

図表５－３ 人口100人当たりワクチン投与量と接種時期（日本）

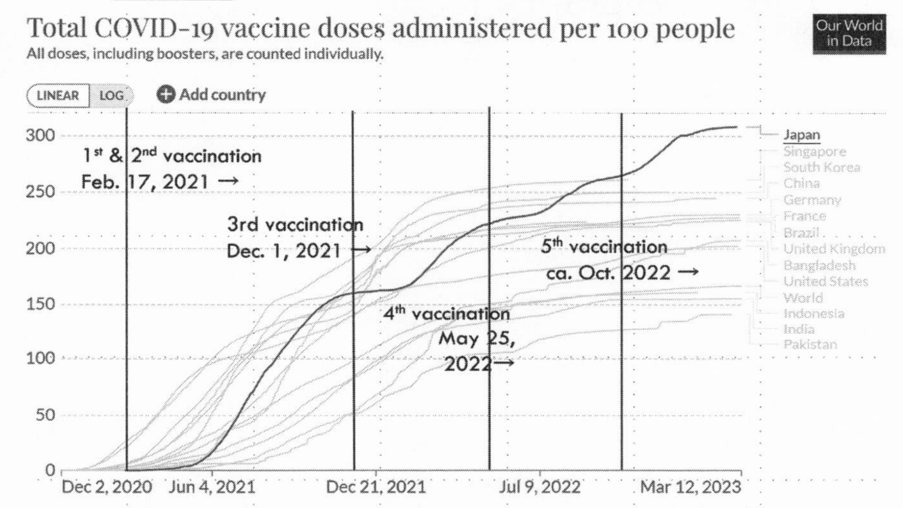

これら事実は「同調圧力」派にはどうも「不都合な真実」のように思われてならないが……。

3 感染症法を基軸とする蔓延防止体制に対する簡単な考察

結論から言えば，今回のパンデミックのような非常事態であっても，日本の感染症対策は国家権力の強権的な行使を第二義的なものとしている。何よりも，日本国憲法25条は「すべて国民は，健康で文化的な最低限度の生活を営む権利を有する（第１項）」ものと規定し，「国は，すべての生活部面について，社会福祉，社会保障及び公衆衛生の向上及び増進に努めなければならない（第２項）」と定めて，すべての出発点はここにある。

日本における感染症対策の基本法たる「感染症の予防及び感染症の患者に対する医療に関する法律（以下「1998年感染症法」と言う）」もまた憲法25条の規定に対応して「感染症の予防及び感染症の患者に対する医療に関し必要な措

置を定めることにより，感染症の発生を予防し，及びそのまん延の防止を図り，もって公衆衛生の向上及び増進を図ること」（法１条）を目的とするが，憲法と並んで掲げられているのは，感染症法の「負の歴史」に対する認識である（前文）。すなわち「過去にハンセン病，後天性免疫不全症候群（いわゆる「エイズ」・筆者註）等の感染症の患者等に対するいわれのない差別や偏見が存在したという事実を重く受け止め，これを教訓として今後に生かすことが必要であ」り，「感染症の患者等の人権を尊重しつつ，これらの者に対する良質かつ適切な医療の提供を確保し，感染症に迅速かつ適確に対応すること」を定める。

現在の憲法論では，基本的人権の規制にあたっては，一般に以下の３点を満たさなければならないとされることにほぼ異論を見ない。

① 規制の目的と手段とが合理的であることが立法者の責任において厳格に証明されなければならないこと

② 目的と手段との適合性もまた厳格に求められること

③ 規制手段は目的達成のために必要最小限でなければならないこと

これら感染症法の規定が，感染症発生の予防と蔓延防止を目的とする点，その合理性に異論はない。そして目的達成の手段としては，「感染症の患者等の人権を尊重しつつ，これらの者に対する良質かつ適切な医療の提供」することが掲げられているのだから，憲法25条が保障する権利は当然のこと，もろもろの基本的人権も同様に尊重されるべきことも定められ，手段の合理性も一応明らかにされている。重ねて，上記目的を達成するためには，より制限的でない方法，つまり良質かつ適切な医療の提供という手段もまた合理的である。したがって，ただちに強権的な手法（たとえばロックダウン）に訴えるのは余程のことと言うほかはない。つまり，合理的な目的（＝感染症の予防と蔓延防止）を達成するための手段（＝良質かつ適切な医療の提供）の適合性もまた合理的であって，感染症法はただちに強権行使に走っているわけではないから最小限のものと言うことができるので，目的と手段との対応において合理的かつ論理的と認めることができる。

4　きわめて謙抑的な法的強制

もちろん，強権的な手法と認められる条項も存在はする。たとえば家屋の強制的な除却（法32条）や交通の遮断，都市封鎖（法33条）がそれであるが，注意すべきはそれら権限を有する都道府県知事は「制限し，又は禁止（法33条は「遮断」）することができる」のであって，「しなければならない」ものではないから「しなくてもよい」裁量がある。しかも，法32条や33条のような強権的手法は「感染症の発生を予防し，又はそのまん延を防止するため必要な最小限度のものでなければならない（法34条）」と厳しく制限され，エボラ出血熱等が分類されている一類感染症患者に対して都道府県知事が「勧告することができる」入院等にあっても，入院勧告を受けた患者には，意見を述べる機会（法20条6項・憲法31条「法の正当な手続き（due process of law）」を根拠とする）が保障されなければならず，都道府県知事の処分には審査請求も認められ，口頭でも差し支えないものとされている（法25条1項，なお苦情も口頭で差し支えない（法24条の2））。

つまり，感染対策にあたって国民を名宛人とする行為強制や禁止は，そのほとんどが「勧告することができる」にとどまるものであり，一般に漠然とイメージされている強制隔離などの措置はきわめて例外的であり，その場合でさえ憲法31条に基づく救済が保障されている。法律上の義務づけが向けられるのは中央・地方の政府に向けられるか，例外的に水道・ガス・電気事業者（新型インフルエンザ等対策特別措置法52条・以下特措法と呼ぶ）や電気通信事業者のサービス提供義務（特措法53条），日本銀行に対する通貨及び金融の安定義務（特措法61条）に限られる。

これら諸規定を総合して解釈するならば，日本の感染症対策の法的な根幹は，基本的人権の具体的な行使の保障と国家権力行使の抑制との組み合わせで一貫している。すなわち，国民もまた「感染症に関する正しい知識を持ち，その予防に必要な注意を払うよう努めるとともに，感染症の患者等の人権が損なわれることがないようにしなければなら」ず（感染症法4条），「新型インフルエンザ等の予防及び感染の拡大の防止に努めるとともに，新型インフルエンザ等対策に協力するよう努めなければならない」（特措法５条）一般的な義務を負いはするが，刑罰の裏づけはない。つまり，政府は国民に種々の感染症対策を「おねがい」することが「できる」だけである。

ワクチン接種を例とした国民の協力は，けっして「同調圧力」で説明しきれるものではないことは上で述べた。また，「おねがい」－「協力」の関係は，「同調圧力」にとって格好の培養器ともなりそうだが，上述の通り，はたして「同調圧力」が感染症対策システムの中でどれだけの重さをもち，どれだけの役割を果たし，本当に「同調圧力」なしで日本のコロナ対策は成り立たなかったのか，実はいまだ実証に欠けているのではないか。むしろ，“おねがい”ベースの対策を強権的に（たとえばロックダウン）実行することなく，国民の側がある程度受け入れることで行動抑制が図られて感染対策が成り立ってきたし，感染死者を比較的少なく抑えてきたとも推論できるのではないか。

なおついでながら，上述の感染症法解釈を裏打ちするかのように，政府専門家として対策をリードしてきた尾身茂はしばしば「私権は制限できない」と言明していた。また，SARS（重症急性呼吸器症候群）対策の経験を踏まえてコロナ禍の最初期から尾身茂と共に感染対策に携わった押谷仁は，PCR検査の感度と特異度があまり高くなく，かなり高い割合で偽陽性が出るから非感染者が隔離される結果に陥ることを踏まえて，もっと明確に「偽陽性であれば彼らの基本的人権が不必要に侵害されることになる」と一貫して主張していた[1]。

5　コロナ対策の現実―2010年尾見提言をめぐって

(1)　提言の「先見性」

上述の感染症対策法制は，感染症法の整備のうえに，2009年の新型インフルエンザやSARS（重症急性呼吸器症候群）／MERS（中東呼吸器症候群）流行を経て整備された新型インフルエンザ対策特別措置法の制定をもって，その枠組が一応の完成を見ることになった。それが憲法を頂点とした法体制に適合的であることは詳しく述べたが，特措法と政令の改正を通じて，COVID-19を指定感染症（感染症法６条８項および新型コロナウイルス感染症を指定感染症として定める等の政令１条）と法的に位置づけて迎え撃つことになった。

しかし，いかなる法制度も書かれた文書だけでは完成せず，具体的な行動計画と実施主体を伴わなければならないが，今般のCOVID-19対策は肝心の実施体制の欠陥を露わにした。ただそれは，法制度の欠陥というよりはむしろ，法を実施する主体の側の欠陥と言うべきものであった。

ここに一つの文書がある。新たな感染症対策の留意点として簡潔にまとめられた５か条であるが，要約して紹介する（尾身［2011］)。

1）流行初期は不確実性が高いので，最悪のシナリオを想定しておくことを国民に納得してもらうこと
2）以前の行動計画は見直しが必須。しかし，致死率など各種の指標に対応する体制と対策をあらかじめ議論しておくこと
3）関係者が技術的な議論を合理的に進め，政治的判断を求める仕組みを構築しておくこと。人材育成と疫学情報分析能力を強化しておくこと
4）国と地方自治体との役割分担と権限移譲について議論しておくこと
5）国，地方自治体，マスコミ関係者がリスク・コミュニケーションの方法を議論しておくこと

(2)「提言」の現実態

さて，「尾見提言」を今般のCOVID-19対策に適用して評価すると，

１）新型コロナウイルス（SARS-CoV-２）の性質とCOVID-19が示す感染症の特性について，感染当初は不可解な部分が多く（コロナウイルス自体は，いわゆる「ただの風邪」ウイルスの一つであって，SARS/MERSの経験はあっても，ここまでのパンデミックは予想しにくかった・COVID-19が発症または重症化するトリガーが未だよく分からない等)，最悪の想定がむしろ非難の対象にさえなった。たとえば，2020年５月の連休前，人の流れを８割抑えなければ最大42万人が死亡するという理論予測に対する社会的な非難がその典型である。専門家と一般人との認識や理解の差が原因ではあるが，５）で指摘されるリスク・コミュニケーションのあり方にも問題があった。

２）専門家と政策当事者，そして一般人との間で行動計画の受け止め方に大

きな齟齬があった。特に，政策当事者と専門家との間の食い違いは，一般人には「対立」としか受け止められず，困惑の度合を大きくした。それゆえ，行動計画の見直し自身も難しければ，見直しに理解を求め周知を図ることも難しくなった。

3）上述したとおり，専門家，特に感染症学，感染制御学，臨床医学等の専門家の知見が政策当事者に活かされたとはいえず，場当たり的な“対策”が繰り返された。その典型が，（世界の専門家が感染リスクを極小と共通に認識していた）10代未満の者が通う幼稚園・保育所，小中学校に対する一斉休校措置（2020年2月28日～），第1波（おおむね2020年7月～9月）も抑えられていない2020年7月22日，感染拡大を警告する医学専門家の声を無視するかのように，東京を除く全国で「観光支援事業（通称・Go Toトラベルキャンペーン）」を開始したが，後の第3波（おおむね2020年10月～2021年1月）が現れても一向に中止しようとはしなかった例を挙げることができる。

4）「国・地方関係の改革」を眼目とする地方自治法改正もあって，政府が全国一律の対策を立てるのではなく，都道府県が比較的大きな権限をもつようになっていたほか，基礎的自治体である市町村の責務と役割も比較的明確となっていたため，ワクチン接種がそうであったように，地域の事情に応じて柔軟に対応してワクチン接種が進んだとは言える。ただ，現場からの実態報告と司令塔における把握とが後手に回り，これまた医療関係者と公衆衛生関係者に過度の負担をかけた事実も残る。

5）「政治・政府の監視」を任務とするマス・メディアと公衆衛生当局とのリスク・コミュニケーションには本質的な困難（政府と協力しながらの「報道」は「翼賛」につながりかねない）を伴うこともあってか，政府の専門家たちはボランティアに支えられながら「有志の会」から情報発信を開始していた。一方，マス・メディアには一部に問題のあるコンテンツを抱えながら（たとえば，平日午後に放送される情報バラエティ番組が，いわゆる「ひな壇芸人」と呼ばれる芸能人に専門家の知識・見解を揶揄させることに終始していたこと），反面，一般に「在宅時間帯」とされる午後7時頃から午後10時台までの報道番組は積極的に専門家を起用して番組制作に臨み，新聞も競争するように工夫をこらした報道を続けていたことを挙げておいて良い。一方，ネット情報や一部の雑誌情報には，いわゆる「フェイク・ニュース」につながりかねない情報も見られたが，影響力は比較的小さかったと評価できる。特に，ワクチン接種に関しては，厚生労働省が第1回接種から一貫して「接種は任意」と強調し，いわゆる「ワクチン・ハラスメント」には相談窓口まで設けてホームページで告知していたこと，マス・メディアもワクチン接種をめぐる強制や差別を批判的に報道することでほぼ一貫していたことは注目に値する。むしろ，最近になってインターネットの匿名掲示板やSNSを通じて反ワクチン陰謀論が猖獗の様相を見せていることはもっと懸念されて良い。

しかし，さきに要約して掲げた5項目にかかわる最大の問題は，この「提言」が公表されたのが2010年6月10日，つまりCOVID-19パンデミックを遡ること10年あまり前だったことにある。10年あまり前の提言が現在の評価基準として十分であることは提言の先見性を物語る半面，無策を10年以上も重ねたことを意味する。

(3) 積極的疫学調査とPCR検査体制

積極的疫学調査の有用性

今般のコロナ禍においても，日本の疫学情報分析能力は諸外国と比較して見劣りがすると言われたが，他方で日本における「積極的疫学調査」に相当すると思われる「双方向接触調査（bidirectional contact tracing）が新型コロナ感染症の感染制御を進化させたことを論ずる研究論文が現れた[2]。**図表5－4**に引用した，「双方向接触調査（≒積極的疫学調査）の有用性」はきわめて印象的である。向かって左・aは前向き一方向の接触追跡，向かって右・bが前向き後ろ向き双方向の接触調査の模式図である。右側にも追跡失敗の場合が明記されているが，左側と比較すれば黒で塗りつぶされた感染者をより多く把握できることは一目瞭然である。この段階で黒塗りの感染疑い者にPCR検査を施せば検査の精度が格段に上がる（＝検査の事前確率が上がる）。なお，この論文では接触確認におけるIT活用について，種々の手段にはそれぞれ利害得失があり，したがって特定の手法がけっして万能ではないことに注意を喚起している。

ただし，日本において「双方接触調査（≒積極的疫学調査）」の実務を担当したのは保健所・保健師だったが，被調査対象者が必ずしも積極的に応じてくれるとは限らず，記憶が曖昧になることも避けられないから非常に手間がかかる[3]。

図表５－４　双方向接触調査（≒積極的疫学調査）の有用性

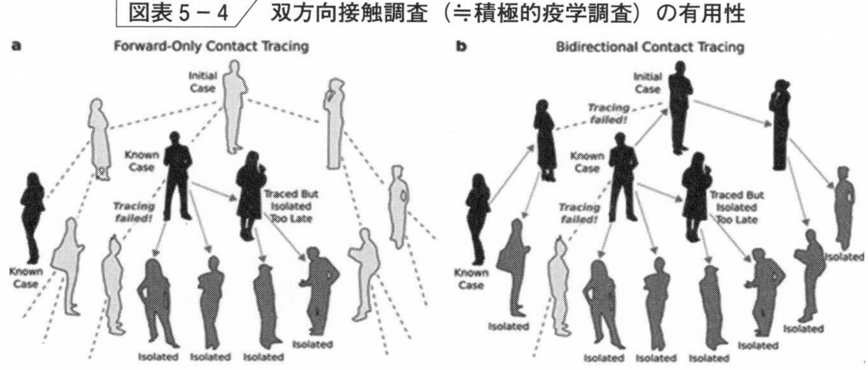

出所：Bidirectional contact tracing could dramatically improve COVID-19 control

それにもかかわらず限界を超えた「現場力」で切り抜けて感染クラスターの発端・いわゆる「三密（３Cs)」を割り出して感染対策を立てられたことが日本における感染抑止の一翼を担ったと推論して差し支えなかろう。一方で，保健所・保健師が検体採取や入院調整など他業務も抱えて忙殺され，すでに2020年３月～４月には能力の限界に達していたとの証言があったことを勘案すると，保健所の体制を縮小してきた政治の失敗は明確である。結果，感染拡大のたびに関係者に過度の負担をかけただけでなく，COVID-19以外の傷病に対する医療サービス提供に支障をきたし，一方の国民は「受診控え」に動いたため，今後が懸念されるという。つまり，政治の失敗のツケは結局国民がかぶるのである。

PCR検査をめぐる“イデオロギー”論争

検査体制の弱体さを批判する側には「検査→隔離」を絶対の対策（しかしながら，この戦略が破綻寸前に陥ったのが，2022年末から23年初めの中国大陸における状況であった）と主張する向きもあれば，むしろ政争の道具とする気配さえあった。「『おねがい』と『同調圧力』頼みの感染症対策」といった非難や揶揄の理由の一つがこれである。

ところが，スクリーニングか確定診断かの二項対立を問題とするのが，鈴木貞夫「日本の検査の実施に関する教訓」である[4]。鈴木は指摘する。「(WHO)のテドロス事務局長が（2020年３月16日に・筆者補記），“WE HAVE A SIMPLE message for all countries: test, test, test.”（あらゆる国に対してわれわれにはシンプルなメッセージがある：検査，検査，検査だ・筆者訳）と述べたことで，日本のPCR検査数が少ないことが強調して伝えられたが，この後，“Test every suspected case.（あらゆる疑い例に検査だ・同）”と（中略）条件が付いており，大規模検査を推奨しているのではない。」

さらに鈴木は感染初期段階（2020年８月～10月）の日本とイギリスにおける検査対新規感染者を検討して，PCR検査数において16.6倍に上るイギリスの新規感染者は日本とほぼ同レベルであったことも指摘し，世上言われた（マス・スクリーニングとしての）検査を問題視している。

すなわち「世田谷モデルのキャッチフレーズ『誰でも，いつでも，何度でも』が示す通り，事前確率を上げる手続きなしでPCR検査を行うこと……は前記（新型コロナウイルス感染症対策・筆者補記）分科会の意図に沿わない事業であったが，メディアでは好意的に報道された。しかし，当初対象とされた90万区民は，介護施設職員ら約２万3,000人に大幅に縮小され，しかも，陽性と判明したのはわずか25人であった。これは，事前の計算から十分に予測できたことであり，予算が４億円超と聞けば，区長の事後のコメント『施設関係者の感染を減らし，医療の逼迫を抑える効果はあった』……を肯定的に受け取るのは不可能だ。愛知県，広島県などの大規模検査事業も，世田谷モデルと同じ道筋をたどった。カツオ漁の例で，魚群探知機なしでいきなり一本釣りをした結果と考えれば納得しやすい。」

さらに追い打ちをかけるように鈴木は次のようにも厳しく批判する。「広島県の経費13億円についても『積極的な検査で感染拡大を抑える方が，結果的に経済的なコストが安くなる』とコメントを出した経済学者をはじめ，（中略）現時点での責任ある検証または釈明が必要だ。」と[5]。

ここではマス・メディアが（マス・スクリーニングとしての）検査と（確定診断に必要な）検査とをあまり明確に識別しないまま前者を称揚することにも苦言を呈しているが，一方でPCR検査とその体制の拡充が必要なことも同時に指摘している。その点，押谷仁[6]も上述の「2010年尾身提言」も変わるところはない。

6　とりあえずの総括と今後の研究課題

たいへん結構に整備された法制度がありながら，せっかくの体制を空洞化させ，ないがしろにして無為と無策を重ねてなお，感染者も死者もここまで抑えられたことを「ニッポンの奇跡」と呼ばずして何と呼べば良いのか筆者には見当がつかない。逆に言えば，世の中に奇跡など存在しないとすれば誰かに余分な負荷がかかったことを意味する。負うべきでない責めを負わされたのは誰か，責めを問われるべきは誰か。保健所と保健師からの悲鳴はもっと真剣に論じられ，直ちに体制整備に取りかからなければならない。

繰り返し述べたように，国・地方の公衆衛生当局が，一般国民に「協力」を「おねがい」「することができる」ことを基軸として，感染症の予防と蔓延を阻止し，強権的な手法を極限まで抑え込む体制は基本的人権を保障するためには望ましいが，パンデミックがもしエボラ出血熱の感染爆発であったとしたら，法32条や法33条のような強制的感染対策も不可避であっただろうから，僥倖に恵まれたのもまた事実ではある。

しかし，再び僥倖に恵まれるとは限らない。高齢化の進む先進国では加齢に伴う疾患や障害こそ医療の中心的な課題であって，感染症は過去のものになったと漠然と信じられていたことに対して，今般のパンデミックは痛烈な一撃であった。一方で，過去の対策の限界も明らかになったから，ヒトとモノとサービスが世界を自由に流通する現代に適合的な対策をアップデートする必要もまた明らかになった。特に日本の場合，なぜ無為と無策の10年が生じたかを，ただちに厳しく総括する必要がある。

ただし総括は世界各国との科学的な比較に基づくものでなければならないが，自国民向けサービスを基幹としてきた医療・福祉サービスの比較検討には困難もまた垣間見える。

たとえば，ICU（集中治療ユニット）一つとっても国ごとに定義が違えば比較のしようがなく（実際，諸外国におけるICUとは，日本で言うHCU（高度治療ユニット）を含むと言う），日本の医療体制における問題点と指摘される「多すぎる病床」にしても，急性期病床・一般病棟・療養病棟の区分が諸外国と食い違っている[7]ことはOECD統計を基礎とする報告で指摘されているが，実際，当のOECDの側にも認識の不十分さをうかがわせる記述が散見される。

人的要素に目を移しても，看護領域のようにキャリア・パスに国ごとの相違が大きいと思われる場合，単純に人口当たりの数だけを比較しても意味がなく，質と量とを掛け合わせた指標をどう作るか，そこから始めなければなるまいし，医師のキャリア・パスは割合に比較可能であろうが，看護師はと言われると途端に返答に詰まる。すなわち，日本看護師協会は専門看護師・認定看護師といった独自の資格を設けているが，これが臨床の現場でどのように生かされているかは不透明である。

さらに，法的な観点からも，感染症対策に伴う国民の権利制限に対して，どこまで補償の対象とすべきか議論の余地がある。すなわち，憲法29条３項が規定する国家補償は「特別の負担」を負った者に対して行われるものであって，あまねく国民に課される一般的負担は補償の対象とはならない。しかし，それならパンデミックに伴って国民に“おねがい”された各種の行動抑制は「一般的負担」であって，補償の対象たる「特別の負担」にはあたらないとの論理も成り立つはずである。しかも，事業継続や雇用継続のためと称して事業者には手厚く補助金が整備されたが，被傭者，なかんずく医療関係者と比較したとき，本当に「特別の負担」と言えたのかどうか，雇用調整助成金のように雇用者向けと説明された補助金にしても事業者を経由する以上，中抜きが生じて，真に「特別の負担」を負った人に届いたのかどうか，コロナ対策の政府支出が効率的であったかどうか，諸外国との比較もまだではないかと思われる。

ついでながら，事業者を経由する補助金・助成金の場合，「中抜き」のごとき不正の発生も懸念されるところであるが，はたせるかな個別事業者レベルでも，果ては事務委託・再委託の名目で財政支出がまるごと特定の業者に流れ込む不正さえ頻発した。一方の，国民１人当たり10万円の特例給付金には「ばらまき」批判が絶えないが，不正続発の事業者向け補助金・助成金はどうなのか，また財政の効率性から見たとき，いかなる補助金制度が適切であったのか，これもまた研究の対象となろう。

OECDはこれらの事情を総合的に評価して，医療提供の分業化を含め，有機的な運用が必要であり，これらを通じて医療供給の余力をより確保し，パンデミックを乗り切るべきこと，立ち後れの目立つIT活用の整備が急務であることを日本に対して指摘した[8]。政府専門家もまた同様の指摘をして，医療機関ごとの部分最適化は一定実践されているものの，全体の最適化が不十分だと指摘して，OECDの指摘するところと共通に「司令塔」の必要性を論じている[9]。

これらを踏まえてか，政府は感染症対策の司令塔たる内閣感染症危機管理統括庁を発足（2023年９月１日）させたが，少なくとも上記列挙した事項を含め，多方面から科学的な検討をふまえたものでなければ「屋上屋を重ねる」だけであろう。政治の失敗のツケは，つまるところ国民がその生命と身体と健康であがなうことになる。

◉注

1　ニューズウィーク日本版「押谷仁教授が語る，PCR 検査の有用性とリスクとの向き合い方」（2020年８月４日号「ルポ新宿歌舞伎町『夜の街』のリアル」特集）

2　Bidirectional contact tracing could dramatically improve COVID-19 control: William J. Bradshaw, Ethan C. Alley, Jonathan H. Huggins, Alun L. Lloyd & Kevin M. Esvelt（Nature Communications, Volume 12, Article number: 232（2021））

3　「保健師のための積極的疫学調査ガイド［新型コロナウイルス感染症］患者クラスター（集団）の迅速な検出に向けて」
（https://www.jsph.jp/covid/files/COVID-19_0430.pdf：2023年10月３日閲覧）

4　日本公衆衛生学会［2022］263頁以下

5　中國新聞デジタル「広島県大規模PCR，専門家は評価と懸念で二分『時宜得た』『効果疑問』」（2021年５月６日）

6　前掲ニューズウィーク日本版「押谷仁教授が語る，PCR 検査の有用性とリスクとの向き合い方」

7　日本医師会「病床数の国際比較」（2021年１月20日・https://www.med.or.jp/dl-med/teireikaiken/20210120_1.pdf： 2023年10月３日閲覧）の基礎データは「OECD Health Statistics 2020」であるが，当報告の執筆者は「日本の急性期は一般病床，感染症病床，結核病床の合計。／日本のCurative（acute）care beds（急性期）は一般病床で，一般病床の回復期リハビリーション病棟を含む。／日本のLong-term care beds（長期ケア）は療養病床で，療養病床の回復期リハビリテーション病棟を含む／英国は民間セクターを含まない。」と，読む上での注意を促している。精神病床が病床数を押し上げているのは，閉鎖病棟中心の精神医療が立ち後れていることを如実に物語っているが，病床数の合計に療養病床（OECD統計では「長期ケア」）が含まれていると，高齢化の進行で補正する必要もあろう。

8　OECD雇用局医療課「図表で見る医療2021（原題：Health at a Glance 2021）」（https://www.oecd.org/health/health-systems/Health-at-a-Glance-2021-How-does-Japan-compare.pdf：2023年10月３日閲覧）。高齢化補正の問題は同49頁における資料の扱いにも疑問が残る。なお，かねて本川裕「社会実情データ図録・高齢化と高まる医療費（1970年～2021年）」は，対GDP比の国民医療費は高齢化補正すべきことを指摘している（https://honkawa2.sakura.ne.jp/1900.html：2023年10月３日閲覧）。

9　2022年６月30日 新型コロナウイルス感染症対策アドバイザリーボード 資料３-６「新型コロナウイルス感染症に対応する各国の医療提供体制の国際比較研究 総括報告書」（2022年10月27日公開・https://mhlw-grants.niph.go.jp/system/files/report_pdf/202106011A-sokatsu.pdf：2023年10月３日閲覧）

◉参考文献

厚生労働省健康保険局結核感染課 監修［2016］『詳解 感染症の予防及び感染症の患者に対する医療に関する法律』中央法規

一般財団法人 日本公衆衛生学会［2022］『新型コロナウイルス感染症 対応記録』日本公衆衛生学会

尾身茂［2011］『WHOをゆく―感染症との闘いを超えて』医学書院

Our World in Data　https://ourworldindata.org/（本文中，図表５-１から図表５-３まではOur World in Data から作成したものであり，原データはCC（Creative Commons）-BY ライセンスに基づくパブリック・ドメインである）。（Figures 1 to 3 in the text were created from Our World in Data, and the original data is in the public domain under a CC（Creative Commons）-BY license.）

第6章

中国における機関の連携 ―COVID-19（コロナ禍）の対応を事例に[1]

◉要旨

機関の協調的なガバナンスが，コロナパンデミックに対する中国政府の対応において重要な役割を果たしてきた。中国における機関相互の調整にはさまざまな種類があるが，大別して調整組織と調整手続とに分けられている。前者はガバナンスの調整作用を担う実際の組織機関のことで，一般的に「審議調整機関」，「党・政府指導グループ」，「ワーキンググループ」，および「政府内部機関」などが含まれる。後者は，主に行政協同手続，行政援助手続，多段階行政手続，共同協議手続などから構成されている。

本章は，調整における役割と責任とが不明確であることは，ガバナンスの重複，輻輳あるいはギャップにつながる可能性があり，特にコロナパンデミックへの対応においては，政府はこれを防ぐための対策を講じるべきであり，また情報技術の利活用が省庁間などの調整機能を果たす潜在的可能性を秘めていることを主張する。

宋　華琳　（Song Hualin）

中国・南開大学法学院院長・教授。中国薬科大学大学院修了，薬事法修士，浙江大学大学院憲法学・行政法学博士課程修了，博士（法学)。専門は行政法総論，行政法学，比較行政法学，医薬衛生法学など。第10期“全国傑出青年法学家”。主要業績は，《薬品行政法総論》，《薬品監管制度的法律改革》など。

徐　曦昊　（Xu Xihao）

中国・南開大学法学院博士後期課程／南開大学法学院・ニューヨーク大学法学院合同育成博士（Joint Training Ph.D.Student）
西北政法大学卒業，法学士，中国人民大学大学院憲法・行政法修士課程修了，法学修士。専門は行政法総論，行政組織法，比較行政法など。《南開学報》，《交大法学》，《公法研究》などにおいて「アメリカ行政法における機関協調とその示唆」をはじめ論文多数公表中。

1　はじめに―本章の概要

機関の協調的なガバナンスが，コロナパンデミックに対する中国政府の対応において重要な特徴である。統計（GaoQicai［2020］）によれば，2020年初頭にコロナ禍の感染爆発が発生して以来，中国大陸本土にある31の第一級〔省級〕行政区と333の第二級〔市級〕行政区のすべてが「緊急対応本部」，「指導グループ」または，調整任務を遂行するための「共同予防制御メカニズム」，「共同予防コントロール機構」を設置したほか，かなりの数の県，それより小さな郷鎮も同じく関連組織を設置した（**図表6－1**）。

図表6－1／ COVID-19期間中の中国におけるエージェンシー・コーディネーションの基本構造

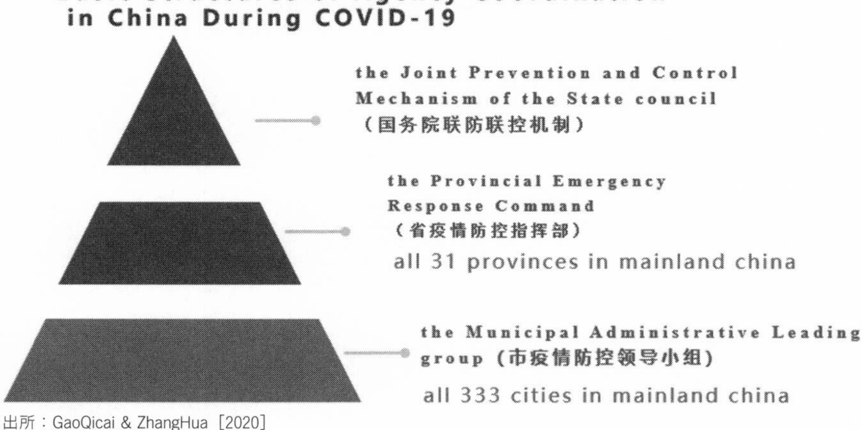

出所：GaoQicai & ZhangHua［2020］

OECDが発行した公式報告書（First Lessons from Government Evaluation of COVID-19 responses: A synthesis［2022］）によれば，OECD加盟国やその調整機関の多くは，米国会計検査院，スイス連邦首相府，カナダ会計検査院など，調整にあたって少なからぬ困難を経験している。調整における役割と責任とが不明確であることは，ガバナンスの重複，輻輳あるいはギャップにつながる可能性があり，特にコロナパンデミックへの対応においては，当局はこれを防ぐための対策を講じるべきであり，同時に中国の実践は貴重であると本章は考える。

本章の成果が明らかにしたことは，中国における機関相互の調整にはさまざまな種類があるが，大別して二つの範疇に分けることができる。すなわち，調整組織と調整手続であるが，前者はガバナンスの調整作用を担う実際の組織機関のことで，一般的に「審議調整機関」,「党・政府指導グループ」,「ワーキンググループ」，および「政府内部機関」などが含まれる。組織の設置には予算と時間がかかるため，中国の行政法は，コロナ禍の発生による多様な緊急対応要件に対処するため，合同協議手続，行政支援手続，多段階行政手続などの手続メカニズムも定めている。中国の各級政府は，感染症予防とガバナンスの行政上の必要性とコストに応じて，調整目標を達成するためにさまざまな組織的・手続的手段を選択することができる。

行政機関の調整的ガバナンスは，政府によって選択された政策手段のみならず，法規範に必須の要件でもあることを本章は主張する。中華人民共和国憲法，政府組織法，緊急事態対処法並びに中央および地方政府のその他の法令は，各機関が政策の一貫性と組織の一貫性を維持することを求めている。さらに，中国の行政法制度は新公共管理などの理論を経て，内部管理システムをもつ正規の組織の法的ガバナンスと政策策定とを組み合わせて，機関の調整のための基本的基盤を構築している。

中国の省庁間の調整ガバナンスは完全とは言い難く，行政調整手続を改善し，デジタル政府の構築を強化して，実験的ガバナンスを実行することによって改善できるとも本研究は論ずる。まず，適切に設計された行政調整手続は，調整組織のほとんどの機能で代替可能である。すなわち，費用便益分析に基づくならば，職員と財産を備えた実際の行政調整組織は，将来，相互調整にあたって第一選択ではなくなるかもしれない。

第二に，デジタル政府の構築と公共データの共有それ自身が省庁間などの調整機能を果たす潜在的可能性を秘めている。政府はデジタル行政法の技術的保証を定める必要がある。最後に，調整の熟練度を高めるとともに，行政調整の制度的なコンセンサスの形成を支援するために，実験的ガバナンスは進められるべきである。

2　政府機関の相互調整のための規制および規範の背景

OECDが発表した評価報告書によると，コロナ禍のガバナンスに重要な影響を与える要因として，政府機関の相互調整の問題が挙げられている。OECDの報告書は，第一に危機対応型のガバナンス・イニシアチブを有していること，第二にクライシス・コミュニケーションのための措置やツールを有していること，第三に統合されたガバナンスを促進するメカニズムを備えていることと総括している。

同報告書は，異なる地域，異なるレベル，異なる権限分掌を持つ行政組織間のリスク管理における関係を管理する政府の能力が，ガバナンスの有効性にきわめて大きく影響するとも考えている。政府機関の相互調整の難しさは，適切な時期に適切な場所で相互調整について政府が正しくアプローチする必要性にある。さもなくば，かかる調整が法執行機関の重荷と化す可能性すらある。

政策ニーズにこたえるだけでなく，行政法自身もまた相互調整のための理論的なリソースが含まれている。Jody Freeman & Jim Rossi〔2012〕は，その論文で，21世紀の行政国家において省庁間の調整は不可避であり必須でもあると指摘している。省庁間協議，省庁間合意，共同規則制定，大統領による調整管理，その他の調整メカニズムは，アメリカ行政法の近代化の過程で有効なツールとなった。効率性，有効性，説明責任を見直すことによって，権限委任の冗長性は意思決定のコスト，意思決定の質，規制の再生，行政の透明性といった一連の問題にプラスの効果をもたらす。省庁間の相互調整の利点を高めるために，調整のベストプラクティスを共有する，〔相互了解に関する〕覚書の効果をより可視化する，省庁間協議により多くの資金を提供するといった戦略が非常に有益である。

中国における諸機関の相互調整

中国の行政法に関する限り，政府機関の相互調整は規制実務上の必要性や学術理論上の関心事であるだけでなく，法規範の必須要件でもある。中国の法制度は，組織法メカニズムの統一性と体系性を非常に重視しており，それは政府機関相互の調整問題にも反映されている。たとえば，中華人民共和国憲法第3条は，中国の国家組織に関して民主集中性の原則を規定し，第27条は国家機関の合理化と職務責任体制の原則を定めている。中国の緊急事態対処法第4条は，国家は統一的な指導と包括的な調整機能を備えた国家緊急事態体制を確立する義務を負うとも定める。その第8条では，県級以上のすべての政府に対し，地方政府の長，関連部局の長，軍と武装警察の部局長が共同で設立する緊急統一指揮部を設置するように求めている。さらに一本化され調整された命令に行政機関が従わない場合，法律で処罰されることを第63条は定めている。

加えて，諸機関の調整を行政組織法の今後の発展の重要な方向性の一つと中国行政法は位置づけている。中国政府の法治建設の今後の発展を指導・計画する「法治政府建設実施要綱（2021～2025年）」において，機関調整は非常に重要な役割を果たしている。たとえば，要綱第5章では，包括的な法執行，共同法執行，共同法執行の組織，指揮，全体的な調整を強化することが予定されている。要綱第6章は，政府および緊急管理部局は，緊急状態と非緊急状態を組み合わせる原則に基づいて平時における緊急訓練を強化し，さまざまな緊急事態に対する緊急対応手順と調整メカニズムを改善し，熟知するよう求めている。要綱第10章は，各級の党務部局に対し，審議・調整機関の建設を強化し，審議・調整機関の設置・運営の法制化を推進するよう明確に求めている。

コロナ感染拡大で発展した機関調整メカニズム

コロナ〔感染拡大〕の期間中，中国の機関調整メカニズムは，国家レベルから省級，市級，さらには県級以下のレベルに至るまで基本的なピラミッド構造を発展させてきた。それはあたかも各レベルの政府が参加するガバナンス・ネットワークのようなものである。清華大学の研究によると，国務院の共同予防〔感染〕制御メカニズムのもと，中国大陸本土にある31の第一級〔省級〕行政区はすべて省疫病予防管理委員会を設立し，333の第二級〔市級〕行政区もすべて疫病予防管理指導グループを設立している。コロナ禍に関するガバナンスのプロセスにおいて，調整を担当するこれら行政機関は，行政資源の調整，情報発信の促進，社会の安定維持に死活的重要性を持つ役割を果たしている。

中国における諸機関の調整メカニズムは大きく二つに分けられる。第一は組織的な行政調整で，行政主体が業務の調整を行う。たとえば，防疫対策本部の設置などである。第二は手続的行政調整であり，調整目的を達成するために手続的方法を用いる。たとえば，多段階の行政プロセスを形成することなどである。これら二つの調整方法は，中国におけるコロナ禍との闘いにおいて互いに支え合い，制度的に大きな役割を果たしている。

3　中国行政法における機関相互の制度的な調整組織

中国の機関調整における組織手段は，主として四つの類型に分けられる。第一は，審議調整機関（原語：议事协调机构。以下同じ）であり，法令によって特定の専門分野について行政調整を担当する権限を与えられた専門部局である。第二は，党・政府指導グループ（党政领导小组）であり，中国共産党が中央からコントロールして組織指導の作用を果たすための組織機構である。第三の類型は派遣型ワーキンググループ（派出工作组）であり，上級の政府・行政機関から下級の政府・行政機関に派遣され，調整を担当する調整組織である。第四のタイプは政府内部機関（政府内设机构）であり，政府部局内に特別に設置され，機関の調整を担当する組織部局である。上記の四つの組織的調整手法は，コロナ禍の流行に対処する中国の主要な全体的ガバナンスアプローチを構成している。

審議調整機関

審議調整機関は，機関の相互調整に特に責任を負う部局として法令によって設置されたものである。国務院が設立した審議調整機関は，行政主体としての資格を有し，緊急の規範文書を発行することができる。たとえば，国務院行政機関設置管理条例第６条によると，国務院の調整機関は，国務院の行政機関全体の重要な事務を組織し，調整する責任を負う。国務院の審議調整機関が合意した事項は，国務院の同意を得て，関連行政機関がそれぞれの職責に従って処理する。特別または緊急の場合，国務院の同意を得て，国務院の審議機関は臨時の行政措置を定めることができる。

党・政府指導グループ

党・政府指導グループは，中国共産党が組織指導，全体的な計画，相互調整の役割を果たすための組織機関である。中国共産党綱領の大綱によると，党は全体の情勢を監督し，すべての関係者を相互調整する原則に従って，同レベルの諸組織の領導という中核的かつ協同的役割を果たさなければならない。コロナウイルスの流行に対処する過程において，党と政府の指導グループは，国務院による法執行の調整に大きな影響を及ぼしている。たとえば，『中国における新型コロナウイルス感染症対策白書』は，新型コロナウイルス感染肺炎流行対処中央指導グループが発表した「リスクレベルが異なる地方において仕事を再開するためのコロナ予防・制御の措置に関するガイドライン」にしたがって，肺炎流行予防・コントロール措置に関する指導意見を国務院は発表した。コロナ禍に対しては，地域特有の段階的な制御措置が採用されており，さまざまな場所で通常業務を再開する道が開かれた。

派遣型ワーキンググループ

派遣型ワーキンググループとは，特定の法律や行政法規の認可に基づいて，上位の政府または部局が特定の地域や事業所に派遣し，調整機能を果たす行政組織である。たとえば，国務院は関連業務を調整するためにワーキンググループを特定の地域に派遣する権限を有すると緊急事態対処法第８条は規定している。一般的に言えば，派遣された作業部会は常設の行政機関ではない。法律や上級の政府・部局による特別な認可がない限り自らの名で行政権限を行使することはできず，規則制定権を有する行政機関としての組織法上の地位も有していない。しかし，ワーキンググループのメンバーは，一般に上級官僚や専門技術者で構成されている。地方公衆衛生のガバナンスを直接に調整する法的な権限を持っていなくても，事実上「行政上の上司」とみなされることが一般的である。

政府内部機関

公衆衛生ガバナンスのプロセスにおいて，政府の内部機関は実際に調整を行う組織部局である。たとえば，武漢市指揮部局の下には，緊急保安，広報，交通，市場，医療，防疫，コミュニティ，総合の８つの作業グループがある。王周仙武漢市長は司令官で，各副市長がサブワーキンググループの責任者である（湖北日報，2020年１月26日）。中国の行政法に関する限り，主管機関は内部組織として合同会議事務局を設置する。緊急対処法第８条は，現実のニーズに応じて，緊急対処指揮機関に関連するカテゴリーを設定して緊急対処業務の組織，調整，指揮を行うことを規定している。この内部組織は関連の調整を進める特段の責任を負う。コロナ禍に対応して，公衆衛生ガバナンス合同会議事務局は衛生行政部内に置かれている。税関，教育，公安，産業情報化，農業・農村，文化・観光，市場監督，衛生，民間航空，ビッグデータなどの部局が合同会議のメンバーとなっている。公衆衛生部局は合同会議事務局を利用して意見と提案を調整し，ガイドラインを作成するための会議を開催することができる。

4　中国行政法における機関調整手続

調整的な役割を果たす行政機関に加えて，いくつかの行政手続には行政権限を結集し，行政上の協力を促進する機関調整機能を有するものもある。中国行政法における調整手続は，主に行政協同手続（行政协助程序），行政援助手続（行政援助程序），多段階行政手続（多阶段行政程序），共同協議手続（联合会商程序）に分けられる。これらの機関調整手続と機関調整組織が合わさって，諸機関の相互調整の全体像が構成される。

行政共同手続

行政機関の協同手続は集団協議としても知られているが，行政上の意思決定，法執行資源の配置およびその他の行政事項について，多数の行政機関の長が会議に参加して集団協議し，決定することを指す。

南京市協同法律執行作業規則の第７条，第８条および第９条は，緊急事態における協同法律執行の過程において，主管機関は定期的に会議と意見交換の場を持って，協同して法律執行の問題，事項，方法，手順，措置について研究しなければならないと規定している。さらに，行政調査部局，業界，公安部局，衛生部局，地域の草の根組織などに割り当てられたCOVIDウイルス検査と衛生規範は，しばしば協同プロセスを通じて，データ収集と検査をスピードアップし，検査プロセスとその進捗状況を最適化する。

行政援助手続

行政援助手続は，機能援助手続とも呼ばれ，互いに従属関係にない行政機関同士がその権限の範囲内で特定の行政事務を遂行するために，支援を要請された機関が支援を要請した機関に補完的な援助を行うことを指す。たとえば，山東省行政手続条例第17条では，単独で行政目的を達成できない，自ら調査できない，事実情報を入手する必要があるなど四つの事情により，行政機関は他の機関に行政援助を要請することができる一方，要請を受けた他の機関は行政援助を提供するか否かを選択することができるが，提供できないときは理由を書面で示す必要がある。

公衆衛生上の緊急事態への対応には，衛生行政以外の多くの行政機関が関与しており，これらの行政機関は，伝染病予防および防疫と自らの業務とのバランスを取る必要があるため，ひとたび特定の行政業務を単独で完了することができなくなると，行政支援プロセスを通じて機関の調整を求めることが多い。たとえば，2020年８月，上海市閔行区体育局は，伝染病予防・防疫の観点から「市青少年陸上競技選手権大会」の開催という行政任務を単独で完了することができず，閔行区衛生委員会に行政支援の要請書を送った。伝染病予防の実務において，行政機関Ａは行政機関Ｂに対して，防疫の脆弱性に対する手がかりの提供，専門家の意見の作成，伝染病予防施設・資材の提供という形で行政援助を要請することもできる。

多段階行政手続

特定の行政行為のうち，複数の行政機関の協力がなければ連続して行うことができないものを，多段階行政行為または多段階手続を必要とする行政行為という。たとえば，北京市保育施設登録実施規則の第２章と第４章では，保育施設を設立する場合，市民は民政，市場監督部局の認可を申請した後，保健衛生部局に「保育施設健康評価報告書」を提出し，記録返送証を取得しなければならないと規定している。

共同協議手続

現在，行政機関の調整手順の具体的な内容は，法律や行政規則で定められている場合と，政府間協定などを通じて複数の行政機関の合意その他の方法によって決定されている場合とがある。公衆衛生上の緊急事態に対応する過程では，省庁間の行政協定や部局・地域合同会議決議等により，省庁間の規制合意や自粛に依拠した行政調整手順が数多く生まれており，これが共同協議手続と呼ばれる。たとえば，新疆ウイグル自治区人民政府と新疆生産建設兵団との間の保健業務の調整と発展の継続的強化に関する協力に関する枠組協定では，「保健における包括的な監督と法執行のための調整メカニズムの構築」など六つの調整手順が規定されている。

5　組織的調整と手続的調整の制度的選択

機関の相互調整は多ければ多いほど良いというものではない。過剰な相互調整は公衆衛生ガバナンスの正統性と科学性に悪影響を及ぼすこともある。行政上の任務を遂行するためにどのような場合に相互調整するのか，また行政機関がどのような形態の調整組織を用いるのかを法律は規律する必要がある。中国がコロナ禍に対処する過程で，適法に設立された調整組織と，あらゆるレベルの政府，さらには大衆的自治グループが，めいめいそのニーズに応じて法的権限なしに設置した調整組織の両方が存在してきた。客観的に言えば，党や政府の指導グループ，防疫司令部，主管部局などさまざまな調整機構が特定の領域で出現する場合，まちまちの標準が出されたり同じ問題について相互調整が繰り返されたりすることは，行政機関相互の摩擦を悪化させ，実際にガバナンスの効果を低下させることになる。

たとえば，2020年２月16日，国務院合同予防コントロール機構の記者会見では，「１日７つのフォーム」記入その他の記入方法や写真撮影に抵抗する官僚主義的なスタイルが批判されたが，さらに追加フォームが発行されたり，過剰な調整の結果，データ収集の重複やデータ移転の調整が行われたりした。

オッカムの剃刀（Occam's razor）に倣って，「必要なくして追加の主体なし」という制度的ミニマリズムに従い，調整のための実質的な審議調整機関の設置は，一般に組織の補完性のルールに従う。

以下の機関選択ルールを，中国の行政法は広範囲に実施している。

1．行政機関が独立して特定の行政機能を引き受けることができないときに限って，制度的な調整機関の設置を選択することができる。
2．行政機関の調整手続で行政事務が完結できないときに限って，調整組織の設置を選択できる。

上記二つの条件の下で，政府は機関の相互調整を開始し，調整組織を設置することを選択できる。

主体ベースではない調整機関の設立，相互調整の改善

主体ベースの審議・相互調整機関の設立とは別に，主体ベースではない調整機関の設立を提唱し，相互調整を改善することがより適切である。たとえば，2008年，国務院は「住血吸虫症予防管理指導グループ」を廃止したが，「住血吸虫症予防管理省庁間合同会議」機構を設置し，依然として代替的な相互調整機能を果たしている。感染症の予防および管理に関する法律および緊急事態への対応に関する法律の改正により，感染症の重大な発生を共同で予防および管理するための機構および公衆衛生上の緊急事態に対応するための調整機構の法的位置づけ，これらの手続のための調整機構をいつ発動するか，また，協議，調査および判断，組織および調整，監督および評価といった対応する手続を明確にすることが推奨される。

さらに，デジタル政府の利用は，機関の相互調整に対する圧力を大幅に軽減した。今後，デジタル政府の公共プラットフォームは，ますます重要な機関調整機能を担うことになる。公衆衛生上の緊急事態対処の実務では，衛生コードやトリップコードの確認から，ウイルス検出，疫学調査，流行リスク評価，流行予防政策調整，行政調査，行政確認，行政意思決定などの行政活動は，政府データの共有，統合，活用と不可分である。政府データの収集，作成，移転が正確，適時，安定的に行われるかどうかは，政府データ共有機関が調整するシステムの有効性に影響する。各機関の相互調整を担う公共データプラットフォームは，さらに最適化される必要がある。西安，上海，鄭州，天津など各地の感染防止の過程で，衛生規範やPCR検査システムなどの政府情報共有プラットフォームは何度となく不安定なインターフェース，システムの麻痺，データ損失，漏洩などの技術的ジレンマに繰り返し陥っている。

◉注

1　この論文の以前のバージョンは，Journal of Nankai University（Social Science Edition）Issue 3, 2023に掲載された。

◉参考文献

GaoQicai & ZhangHua［2020］Organization and Operation of Emergency Command of Public Health Emergencies from the Perspective of Customary Law? Take the sample of Covid-19 prevention and control work leading group and headquarter, 314 Academic Exchange 47（2020）http://www.socio-legal.sjtu.edu.cn/wxzy/info.aspx?itemid=4121&lcid=30

Jody Freeman & Jim Rossi［2012］'Agency Coordination in Shared Regulatory Space'（https://scholarship.law.vanderbilt.edu/faculty-publications/536/, last view 6 October 7, 2023）.

OECD［2022］OECD Policy Responses to Coronavirus（COVID-19）-First lessons from government evaluations of COVID-19 responses: A synthesis'（https://www.oecd.org/coronavirus/policy-responses/first-lessons-from-government-evaluations-of-covid-19-responses- a -synthesis-483507d6/,last view 20 September 2023）.

OECD［2018］Assessing Global Progress in the Governance of Critical Risks, OECD Reviews of Risk Management Policies（https://www.oecd-ilibrary.org/governance/assessing-global-progress-in-the-governance-of-critical-risks_9789264309272-en, last view 6 October 7, 2023）.

中華人民共和国憲法［2019］（https://english.www.gov.cn/archive/lawsregulations/201911/20/content_WS 5 ed8856ec6d0b3f0e9499913.html，最終閲覧日2023年10月 7 日）。

中華人民共和国緊急対処法［2007］（http://www.npc.gov.cn/zgrdw/englishnpc/Law/2009-02/20/content_1471589.htm，最終閲覧日2023年10月 7 日）。

中国国務院新聞弁公室［2020］Full Text: Fighting COVID-19: China in Action,（2020］（https://english.www.gov.cn/news/topnews/202006/07/content_WS5edc559ac6d066592a449030.html, last view 6 October 7, 2023）

国務院行政機関設立管理条例［1997］（https://www.gov.cn/gjjg/2005-06/10/content_5551.htm。最終閲覧日：2023年10月 7 日）。

Thomas W. Merrill［2008］Preemption and Institutional Choice（https://scholarship.law.columbia.edu/faculty_scholarship/353/, last view 6 October 7, 2023）

第7章

コロナ災害への対応と人命・経済への影響―バングラデシュの事例

◉要旨

COVID-19（以下，コロナ）パンデミックは，多くの国々においてガバナンスと開発に対して独自の対応を迫った。ウイルスの急速な蔓延，渡航制限，ロックダウン，社会的孤立は，特にバングラデシュのような発展途上国において，公衆衛生と経済状況に大きな悪影響を及ぼした。本研究は，コロナ禍の政府の対応メカニズムに光を当て，それがバングラデシュ市民の生活へ及ぼす諸影響を評価する。これらに関する学術書，論文，政府・民間機関の報告書等の分析に基づき，探索的研究デザインと質的アプローチを用いる。調査結果は，コロナパンデミックが経済，政治，社会といった面から与えた重大な影響を浮き彫りにした。ロックダウン政策やソーシャルディスタンス政策によって，インフォーマル・セクター経済の屋台骨がいまだに壊されている。コロナのような災害は，上流階級よりも中流階級に大きな被害が及び，低所得の疎外された人々の間に新たなデジタルデバイドを生み出す。こういった課題に対処するため，バングラデシュにおける，医療能力の向上，社会的弱者への支援，食糧安全保障と社会福祉を確保するための対策など，的を絞った介入の必要性がある。

ムスレ・ウディン・アーメド（Musleh UDDIN Ahmed）

バングラデシュにあるダッカ大学（DU）行政学部教授。教育，開発研究，コンサルタントとして36年の経験を持つ。 UNDP（1998-2000年），EU，UNESCO，等で勤務。2012年から2019年の間に山口大学客員教授。　バングラデシュのShahjalal大学副学長（2002年～2006年），バングラデシュ大学協会（AUB ）会長（2005年～2006年），英連邦大学評議会委員（2005年）等を歴任。

1　はじめに―大災害に対する包括的理解と回復力

大災害が発生した場合，生命を脅かす状況に対する個々人の対応の問題に注意深く目を向けなければ，いかなる対策も効果的なものにはならない，というのは当然の主張である（Masten & Obradović［2008］）。その結果，21世紀の新たな脅威に対する準備と対応には，人間生活の相互依存的な側面にわたる影響と回復力に関する包括的な理解が必要となる。

今世紀の最初の20年間で，世界は津波（2004年と2011年），ハイチ地震（2010年），中国地震（2008年），パキスタン地震（2005年），ハリケーン（2005年のカトリーナ），2009年の鳥インフルエンザ，2002年のSARS，2012年のMERS，2013～14年のエボラ出血熱，2016年のジカウイルスなどの伝染病，2008年の大規模な金融危機などの大災害を目撃してきた。

しかし，2019年12月に中国の武漢で始まったコロナのパンデミックは，全世界を多元的に歪めており，その影響は長期に及ぶだろう。さらに，世界のサプライチェーンに多くの危機と不足を引き起こし，第二次世界大戦後最悪の不況を招き，686万人近い人命が失われた（WHO［2023］，World Bank［2020］，Zumbrun［2020］）。Saleh［2020］は，これを「公衆衛生の次元における人道的危機」と強調した。1918年の壊滅的なスペインかぜの大流行以来，ウイルスの形質転換速度が加速し，個人から個人への感染例が増加している」（Parvez et al.［2023］）。

新型ウイルスは数カ月のうちに，世界各国にフライト禁止，強制的なロックダウン，ソーシャルディスタンスなどの防衛策をとらせ，致命的な病気が伝染するのを防いだ（Mahmud［2020］）。世界保健機関（WHO）は2020年３月11日，コロナを世界的パンデミックと宣言した。その結果，経済活動は停止し，経済指標は大幅に悪化した。

具体的には，世界のGDP成長率はパンデミック前の予測に比べてマイナスに転じ（IMF［2020ａ］），世界の労働力の半分，特にインフォーマル・セクターで働く16億人の労働者に影響を与えた（Paul et al.［2021］）。このような災害は，世界的な規模で発生しただけでなく，社会的，経済的，公衆衛生上の問題を大きく悪化させた（Parvez et al. [2023]）。

バングラデシュにおける影響

無数の障害を抱える発展途上国であるバングラデシュでは，パンデミックは先進国よりもはるかに深刻な打撃を受けた。2020年３月８日，バングラデシュで最初のコロナ陽性症例が登録されたが，当時，政府は，多くの先進国がその蔓延に対抗するためにとった抜本的な対策と比べて十分準備しているとは思えなかった（The Daily Star [2020]）。バングラデシュのコロナに関する状況は**図表７－１**に詳しい。

図表７－１　バングラデシュにおけるコロナの状況（2023年３月１日現在）

バングラデシュのコロナ統計	
コロナ確定症例総数	203万7,000人
コロナによる総死亡数	29,440人
コロナワクチンを最低１回接種した人口	88.3%
コロナワクチンを２回接種した人口	80.1%

出所：Mathieu et al. [2023]

パンデミックはバングラデシュの経済，生活，食糧安全保障，教育，医療など，生活のさまざまな面に影響を与えた。国の対応はいくつかの要因から不十分であることが判明した。初期段階では検査キットが3,000個しかなく，検査数が限られていたため，多くの症例が特定されなかった（Mahmud [2020]；The Daily Star [2020]）。人口1,000人当たり，病床数は0.74床で，医師はわずか0.5人だった（Saleh [2020]）。国家調整委員会にさえウイルス学者がいなかったことが，政治家や官僚が事態の深刻さを理解していなかった一因であろう（The Daily Star [2020]）。

その結果，バングラデシュはフライトを禁止し，教育機関を閉鎖したが，オフィスは開いていた。人々は毎日さまざまな目的で外に出ていたため，政府の「完全ロックダウン」命令を効果的に執行することは不可能だった（Mahmud [2020]）。

ところで，パンデミック以前，バングラデシュの経済成長率は過去10年間平均7％であった。IMF［2020ｂ］によれば，コロナパンデミックにより，成長率は2％に低下し，2019年の8％から大きく落ち込んだ。厳しい検疫措置にもかかわらず，不十分な医療インフラ，高い人口密度，不十分な国民意識により，ウイルスは蔓延し続けた。また，2つの主要な外貨収入源である既製服（ready-made garments：RMG）の輸出と外国からの送金が大幅に減少し，経済を圧迫した（Ahamed et al.［2020］）。政府は節目節目で状況に応じた政策措置を講じてきたが，それらの対応もまた市民生活に何らかの影響を残してきた。

本研究の目的は，コロナ危機に対処するために採用されたさまざまな対応と戦略を検証し，バングラデシュの人々の生活と経済に対する直接的・長期的影響を評価することである。本研究の結果は，政策立案者に貴重な洞察を提供し，このテーマにおける今後の研究の指針となるであろう。

方法論

本研究を実施するために，解説的な研究デザインと質的アプローチを活用した。Google Scholar，PubMed，Scopus，Web of Scienceなどのデータベースで公開されているオープンアクセス論文やジャーナルなどの二次資料からデータを収集した。これらの研究は，2020年1月から2023年3月までのバングラデシュにおけるコロナのさまざまな影響と対応を調査した定量的・定性的分析，論文レビュー，報告書を網羅している。本稿ではさらに，新聞，報告書，政府文書，法令，インターネット情報源，ウェブサイトから二次データを収集した。データは，Braun & Clarke［2006］が描写したテーマ分析の6つのステップを活用し，テーマ，パターン，観点を特定することで分析された。そしてデータ中の新たなテーマを特定し，特徴づけを行なった後，研究の質的性質を考慮し，その中に小テーマを組み込みながら主要テーマを確定した。

2　バングラデシュにおけるコロナと災害対応のメカニズム

バングラデシュではここ数年，チクングニア熱やデング熱などの新興・再興感染症の流行に悩まされている（H. Alam［2020］）。パンデミックは中国での最初の発生から3カ月後にバングラデシュに到達したにもかかわらず，高い伝染率，死亡率，国や個人レベルでの準備不足のため，予想を上回るものとなった（Kumar & Pinky [2021]）。

パンデミックの初期段階では，バングラデシュ政府は他の発展途上国に比べて危機への対応が比較的遅れていた（Ramachandran [2020]）。通常，このような大流行への対応は，疫学・疾病管理研究所（Institute of Epidemiology, Disease Control and Research：IEDCR）によって行なわれ，国家レベルの国家緊急対応チーム（National Rapid Response Team：NRRT）や，ディストリクト（県）・ウポジラ（郡）レベルのディストリクト（県）緊急対応チーム（District Rapid Response Team：DRRT），ウポジラ（郡）緊急対応チーム（Upazila Rapid Response Team：URRT）に基づいて行われる。また，大規模な疾病の発生や保健上の緊急事態は，国家危機管理センター・管理室（the National Crisis Management Center and Control Room）によって調整される（DGHS & IEDCR, 2020）。法的観点からは，2018年感染症（予防，管理，撲滅）法が，新興感染症における検疫や検査，感染していると思われる個人や地域の隔離する権限を政府に与えている。

バングラデシュにおける国家的対応レベル

バングラデシュでは，国内で最初の感染者が発見される前に，「コロナに対する国家準備・対応計画」を作成した。この計画の目的は，予防と管理対策を通じて公衆衛生と経済に対するコロナの影響を緩和することであった。この計画では，6つの明確な行動を通じて，「準備，封じ込め，緩和」のための対策を特定し，推奨している（DGHS & IEDCR [2020]）。その上で，感染状況を考慮した計画と対応を促進するため，6つの国家対応レベルを設定した（**図表7－2**）。その後，政府は4段階の緊急対応計画を実施し，感染者が確認された後はレベル2に入った。その後，複数の地域で感染が確認されたため，レベル3に移行した。レベル4では流行が宣言され，最後の2つのレベルでは地方行政が地域をロックダウンし，疑い例を隔離した（The Daily Star [2020]）。

図表７－２　コロナ禍に対する国家的対応の６つのレベル

出所：DGHS & IEDCR. [2020]

コロナの影響を軽減するための対応方法

ウイルスの感染を抑えるため，バングラデシュ政府は2020年３月23日に全国的な休日を宣言し，自宅待機を命じた（The Daily Star［2021］）。このロックダウン措置により，水路，鉄道，航空による旅行が禁止され，道路交通も停止された（Anwar et al.［2020］）。政府はまた，レッドゾーンと呼ばれる高陽性の地域では完全なロックダウン政策を実施し，すべての国内線と民間便の運航を停止した。不要不急の組織，企業，教育機関も閉鎖された（S. F. Rashid et al,［2020］）。こうした措置の一部は世界的に評価されたが，バングラデシュは「テスト・追跡」戦略の実行が遅いと批判された（Kumar & Pinky［2021］）。しかし，政府は影響を軽減するために，低所得世帯への財政支援，食料品や必需品の配布，医療へのアクセスを改善するための遠隔医療サービスの拡大など，さまざまな政策や取り組みを実施した。Khan［2020］は，食糧配給，オープンマーケットでの販売，現金給付，セーフティネットの拡大，住宅プログラムの５つの支援策を挙げている。政府以外にも，多くの非政府組織，実業家，政治家，ソーシャルワーカーも，ロックダウン中に働けない貧しい人々を支援した（K. Islam et al.［2020］）。

3　生活のさまざまな側面におけるコロナの影響

コロナパンデミックを受けて，バングラデシュ政府は，ウイルスの蔓延を抑え，公衆衛生への影響を最小限に抑えることを目的としたいくつかの政策を実施した。こうした取り組みには，ロックダウン，渡航制限，学校や企業の閉鎖などが含まれた。しかし，これらの措置は，特にインフォーマル部門に大きな経済的影響を及ぼし，貧困と食糧不安の増大をもたらした。コロナパンデミックは，公衆衛生に悪影響を及ぼし，医療制度に負担をかけただけでなく，教育，社会，文化活動にも支障をきたした。パンデミックは社会のさまざまな分野に影響を与えたが，最も被害を受けたのは保健と経済の分野である（Kumar & Pinky［2021］）。

経済への影響

コロナパンデミックはバングラデシュ経済に打撃を与え，経済活動の鈍化と失業率の上昇をもたらした（**図表7－3**）。

輸出総収入の80％を占める重要産業である衣料品産業は，注文のキャンセルや需要の減少によって大きな打撃を受けた（Kumar & Pinky［2021］）。バングラデシュ縫製輸出業者協会（BGMEA）によると，パンデミックの間，およそ1,150の工場が操業停止や減産を余儀なくされ，400万人以上の労働者の生活に影響を与えたと報告されている（Majumder, 2021）。既製服（RMG）部門は約31億6,000万ドルの損失を被り，数千人の労働者が解雇に直面した（Jebin & Hossain, 2022）。既製服（RMG）部門の雇用成長率は，2020年には－1.442%，2021年には－10.406%になると予測されている（M. S. Hossain & Alam［2022］）。パンデミックは世界のサプライチェーンにも混乱をもたらし，バングラデシュへの貿易やバングラデシュからの輸出に影響を与えた（Anwar et al.［2020］）。

バングラデシュの産業は，中国の操業停止によって原材料の供給に深刻な危機に直面し，その結果，これらの工場は生産プロセスを継続することができなくなった（Pritha et al.［2022］）。その結果，パンデミック後の市場では，深刻な供給危機のために商品価格が上昇した。さらに，何百人もの出稼ぎ労働者が海外で職を失った後にバングラデシュに戻り，重要な時期にバングラデシュへの送金流入に打撃を与えた。移民労働者の送金と職の喪失は，経済にさらなる圧力をかけた（Ramachandran［2020］）。

コロナの流行は人々の社会的・経済的状況に悪影響を及ぼし，失業，家庭の経済的困難，外国投資の減少といった既存の問題を悪化させた（Karim et al.

[2020])。ロックダウンの間に，雇用者の61.57%が職業に影響を被り，BBSの電話調査では，2020年7月に22.39%の失業率が記録され，2022年11月には過去最高の6.91%を記録した（Kashem & Islam [2023]）。経済破綻を防ぐため，政府は経済刺激策を実施し，パンデミックによる深刻な経済・ビジネスへの影響を緩和した（Rashid, S. F. et al. [2021]）

図表7－3　バングラデシュの経済指標

指標＼年	2018-19	2019-20	2020-21	2021-22
GDP	Tk. 25兆4,200億	Tk. 27兆9,600億	Tk. 30兆8,700億	Tk. 39兆7,600億
GDP成長率	7.88%	3.455%	6.94%	7.10%
総収入	Tk. 2兆5,400億	Tk. 2兆6,800億	Tk. 3兆3,100億	Tk. 3兆9,200億
総支出	Tk. 3兆8,900億	Tk. 4兆2,000億	Tk. 4兆6,000億	Tk. 5兆9,400億
対GDP赤字率	5.4%	5.5%	4.2%	5.1%
保健予算	4.8%	4.2%	5.8%	5.4%
景気刺激策		Tk. 1兆8,800億		
貧困率	11.9%	12.9%	12.5%	11.9%
失業率	4.29 (2018)	4.22 (2019)	5.3 (2020)	5.2 (2021)

出所：M. F. Alam & Mohammad [2021]；BB, [2022]；Byron & Jahid [2021]；GlobalData [2021]；MoF [2021] [2022]；Prothom Alo [2022] をもとに筆者作成

医療への影響

パンデミックの間，バングラデシュの医療システムは，医療従事者，個人用保護具，人工呼吸器，医療用品，病床の不足といった大きな障害に直面し，その結果，医療システムに負担がかかった（Anwar et al. [2020]；Kumar & Pinky [2021]）。パンデミックの初期には，検査施設は不十分だったが，患者数が増えるにつれて，施設とキャパシティは時間の経過とともに徐々に改善された。最初の3カ月間は無料で検査を行っていたが，その後，政府は検査に料金を設定し，1日当たりの検査件数を減らした（Islam, S. et al. [2020]）。また，ワクチンの供給が限られていることや，一部の国民がワクチン接種をためらっていることから，同国ではワクチン接種にも課題があった（Ali & Hossain [2021]；M. B. Hossain et al. [2021]）。コロナの流行は，予防接種，妊産婦の健康，家族計画といった日常的な保健サービスを混乱させ，住民の健康追求行動に大きな影響を与えた（Anwar et al. [2020]）。Hudaら [2021] による

と，コロナの患者は，検査スキャンダルによって公立・私立病院が提供する治療が信頼できないことから，施設医療に対する不信感を強めていた。その代わりに，在宅治療が好まれた。

ガバナンスと公共政策への影響

コロナウイルスの世界的な感染が始まって以来，バングラデシュはWHOのガイドラインを採用し，それに適合する政策を決定してきた。その中には，ロックダウンの実施，ソーシャルディスタンスの確保，生活習慣や衛生習慣の変更の促進などが含まれる（Islam, S. et al.［2020］）。しかし，ロックダウンの間接的な影響は，バングラデシュの経済と精神衛生に莫大なコストをもたらした（Ahamed et al.［2020］）。

M. A. Hossain et al.［2020］は，パンデミックに対する政府の対応は，戦略的計画の欠如が顕著であり，監視と説明責任のメカニズムが存在しないため，保健部門のガバナンスに非効率，誤った管理，根深い腐敗の兆候が見られたと論じている。同様に，景気回復のための政策パッケージの実行にも疑問が残る。

例えば，セーフティネット現金給付の政府の実施プロセスは，金額は非常に少額であったにもかかわらず，ミスに見舞われた（Islam, S. et al.［2020］）。コロナの感染拡大に対する政府の意識向上への努力にもかかわらず，Farhana & Mannan［2020］の研究では，バングラデシュの市民のかなりの部分が，このウイルスに関する知識が乏しいと結論づけている。このことが，コロナの蔓延と影響を抑制するための政策がうまく機能していない一因となっている可能性がある。

低所得者層の生活への影響

コロナの発生は，日々の収入に頼っている発展途上国の人々の実存を脅かしている。バングラデシュでは雇用の約87%がインフォーマル・セクターから生み出されており，ロックダウンは低所得者層に悪影響を及ぼした（Saleh［2020］）。Paulら［2021］によると，コロナパンデミックによって，低所得者層はますます疎外され，ハードコアとされる貧困層となる危険性が高まった。さらに，パンデミックと政府による規制は，他の地域のコロナの影響に比べ，バングラデシュの農村共同体の生活に大きな影響を与えた（Gatto & Islam [2021]）。

法秩序と暴力への影響

ロックダウン期間中，武器密売や車両窃盗の検挙件数は大幅に減少したが，ロックダウンが緩和されると違法薬物の密売が急増した（Mollah & Saad [2020]）。緊急時以外のすべての公共交通機関が禁止されたため，麻薬の売人が通常とは異なる交通手段（救援トラックや宅配便など）を利用していることが判明した（S. Rashid [2021]）。他方，当時は家庭内暴力やジェンダーに基づく差別も増加していた。具体的には，女性や子どもに対する暴力，親密なパートナーからの暴力が憂慮すべき割合で増加している（Islam, A. [2020]；Islam, S et al. [2020]；Rayhan & Akter [2021]）。

農業と食料安全保障への影響

国家の食料安全保障に関するBRAC[1]の調査によると，2020年３月から５月までの45日間のロックダウン期間中，国内の農家は5,653億6,000万タカの損失を被った（Ahmed, Z. [2020]）。主食の農業生産は大幅に減少し，家計は市場からの食料支出を減らすことで部分的に補った（Gatto & Islam [2021]）。農業に依存する農村経済も，商品需要の大幅な低下と輸送コストの増加により商品価格が急落し，逆境に見舞われた。家禽，家畜，農作物の生産は，サプライチェーンの大幅な混乱と労働力の不足によって妨げられた（Ahamed et al. [2020]）。ロックダウンが解除された後も，食糧不安は高止まりしたままであった（Rahman et al. [2021]）。パンデミックは，都市における食糧と栄養の安全保障における既存の格差を悪化させ，特に，生計機会へのアクセスが限られ，ロックダウン中に収入が大幅に若しくは完全に失われた低所得者層にとっては深刻であった（Ruszczyk et al. [2021]）。

教育への影響

教育分野もパンデミックの影響を受け，学校や大学が長期にわたって閉鎖された。オンライン学習の台頭により，教育は劇的な変貌を遂げた（Haleem et al.［2020］)。これは何百万人もの学生に影響を及ぼし，学習機会の喪失と，オンライン学習への移行につながったが，インフラや資源不足により，多くの学生にとって困難なものとなっている（Dutta & Smita［2020］)。その結果，オンライン授業における農村部と都市部の学生の実績は大きく異なっている（Al-Amin et al.［2021］)。さらに，準備，参加，教室での活動の欠如，デジタルリテラシーの欠けている家庭の子どもたち，学習意欲の低さなどが，オンライン学習によって悪影響を受け，教育システムの格差を広げている（Tadesse & Muluye,［2020］)。

社会文化的行動への影響

パンデミックは社会行動に急激な変化をもたらし，人々は物理的に距離を置き，マスクを着用し，集まりを避けるようになった。政府はウイルスの伝染を制限するためにロックダウンやその他の制限を課し，それが日常生活や社会的交流の混乱につながった（Anwar et al.［2020］。コロナウイルス危機の広範囲に及ぶ影響は，庶民の労働文化や社会規範に根本的な変化をもたらした。新しい規範（New Norm）は家に閉じこもり，ソーシャルディスタンスを保つこととなった（Haleem et al.［2020］)。

メンタルヘルスへの影響

資源へのアクセス不足，移動の制限，緊急時に支援を提供できる家族や隣人とのつながりが持てないこと，コロナに感染することへの恐れなどにより，市民の生活は脆弱でストレスの多いものとなった（Paul et al.［2021］)。Mamunら［2021］の研究によると，コロナに関連したうつ病と自殺念慮の有病率は，それぞれ33％と５％であった。この後，ロックダウン後の期間には自殺者が増加したが，これは社会的孤立，愛する人たちを病気で失うことへの恐怖，複数の金銭的要因によって悪化した可能性がある（Kumar & Pinky［2021］)。

4　考察―社会から疎外された人々の脆弱性と的を絞った政策の必要性

世界で最も人口密度の高い国のひとつであるバングラデシュは，コロナの蔓延によって経済と医療システムに深刻な影響を受けた（Mahmud［2020］）。しかしながら，ロックダウンや機関の閉鎖は，国にプラスの結果をもたらしたと認識されている（Kumar & Pinky［2021］）。それにしてもバングラデシュはコロナの蔓延に対抗する体制が整っておらず，健康，経済，ガバナンスに短期的，長期的な影響を及ぼした。

計画と調整の欠如，資源の不均等な配分，傷んだインフラ，官僚的な遅れ，一貫性のないリスクコミュニケーション，バラバラな意思決定が，将来的に影響を及ぼす可能性のある望ましくない状況を作り出した（Biswas et al.［2020］）さらに，政府をはじめとする関係当局は，社会的，経済的といった要因を無視し，個人の行動を強調したパンデミック制圧のためのさまざまな対策を提唱してきた。ロックダウンのモデルは，経済基盤が強固で，困窮者に対する社会的セーフティネットが充実している先進国から輸入されたものである（Rashid, S. F. et al.［2020］）。

このように，バングラデシュにおけるソーシャルディスタンスは，多くの要因がこれに向けた努力をほとんど不可能にしているため，特に効果的なものとはなっていない。第一に，人口密度の高い都市部では，人々は互いに近接して暮らしている。さらに，在宅勤務や自宅待機という選択肢を持つ正規部門の従業員はほとんどおらず，低所得層は出勤するしかなかった（Ramachandran［2020］）。したがって，厳格なソーシャルディスタンスを置くことは，日常労働に依存していたかなりの個々人にとって，大きな戦略的ジレンマとなった（Islam, S et al.［2020］）。

経済的見地からは，コロナ禍はバングラデシュ経済に深刻な影響を与え，同国の貧困削減は驚異的であったのに，その達成を危うくした（Ahmed, Z.［2020］）コロナパンデミックは，国全体の経済に加えて，何百万人ものバングラデシュ人の家計にも影響を及ぼしている。需要の高騰やサプライチェーンの混乱，パンデミック後のインフレと相まって，さまざまなマクロ経済的およびミクロ経済的課題がすでに新型コロナウイルス感染症による経済的損失の影響を及ぼしている。

多くの脆弱な世帯は，低所得・貯蓄の枯渇・債務依存・家賃のような食費ではない交渉不可能な出費などのために，長期的な貧困の罠に陥る危険に曝されている（Rahman et al. [2021]）。不幸なことに，低所得世帯は，コロナパンデミックの影響を不釣り合いに大きく受けている。なぜなら，ほぼ完全に収入を失った結果，極度の経済的困難を経験しているからである（Ruszczyk et al. [2021]）。コロナパンデミックは，社会から疎外された人々の脆弱性を浮き彫りにし，彼らのニーズを優先する経済政策措置の必要性を強調した。それゆえ，パンデミック後の時代において，バングラデシュは成長志向の政策から，雇用を創出し，貧困と不平等を解消できる雇用志向の政策に重点を移すべきだという主張もある（Hossain, M. I. [2021]）。

全体として，本稿はコロナパンデミックがバングラデシュの人命に与えた重大な影響を浮き彫りにし，医療キャパシティの向上，社会的弱者への支援，食糧安全保障と社会福祉を確保するための対策の必要性など，あらゆる災害がもたらすさまざまな課題に対処するための的を絞った介入の必要性を強調している。

5　結論―脆弱性と回復力（レジリエンス）

本稿では，２つの異なる研究課題を検討する。第一に，コロナパンデミックの中でどのような災害対応がとられたのか。第二にコロナ禍は市民の生活と経済にどのような影響を与えたのか，という２点である。

先行研究では，主に経済と健康という切り離された側面に焦点を当て，横断的データと定性的なナラティブ（語り）を用いてその対応と影響を探ってきた。本研究では，既存の研究を発展させ，経済，健康，社会，ガバナンスの側面から，対応と市民への影響についてより包括的かつ全体的な理解を深めている。

そして，コロナパンデミックは，世界中の政府が独自の対応を迫られており，重要なことは，その対応の性質が，国民や経済に異なった影響を与えたということである。入手可能な二次データから，コロナパンデミックはバングラデシュに甚大な影響を及ぼし，バングラデシュ国内に存在する脆弱性と格差，特に保健部門におけるガバナンス，それから既製服（RMG）と外国からの送金への過度の依存を浮き彫りにしたと結論づけることができる。

保健分野やロックダウンの実施には不手際があったが，迅速なワクチン接種キャンペーンと社会のあらゆる部分からの迅速な対応が，耐え難い大惨事から我々を救ったかもしれない。政府をはじめとする関係者は，"ニューノーマル"を受け入れることで，パンデミックが国の経済，医療システム，社会に与える長期的な影響に対処するため，引き続き協働していく必要がある。さらに，この先に待ち受けるかもしれない他の重大な危機を前にして，より一層の備えと回復力が切実に求められていることが暗に示されている。

（浜島清史訳）

◉注

1　訳者注：BRACとは，Bangladesh Rural Advancement Committee（バングラデシュ農村向上委員会）のことで，バングラデシュの代表的NGOである。

◉参考文献

Ahamed, H., Hasan, K. T., Islam, M. T., & Galib, F. C. [2020] Lockdown policy dilemma: COVID-19 pandemic versus economy and mental health. *Journal of Biomedical Analytics,* 3 (2), 37–58.

Ahmed, S. A. S., Ajisola, M., Azeem, K., Bakibinga, P., Chen, Y.-F., Choudhury, N. N., Fayehun, O., Griffiths, F., Harris, B., & Kibe, P. [2020] Impact of the societal response to COVID-19 on access to healthcare for non-COVID-19 health issues in slum communities of Bangladesh, Kenya, Nigeria and Pakistan: Results of pre-COVID and COVID-19 lockdown stakeholder engagements. *BMJ Global Health, 5(8),* e003042.

Ahmed, Z. [2020, June 10] *Coronavirus: Economy down, poverty up in Bangladesh.* Dw.Com. https://www.dw.com/en/coronavirus-economy-down-poverty-up-in-bangladesh/a-53759686

Alam, H. [2020, March 17] *Rise in dengue cases rings alarm.* The Daily Star. https://www.thedailystar.net/frontpage/news/rise-dengue-cases-rings-alarm-1881676

Alam, M. F., & Mohammad, N. [2021] Fiscal Measures for Tackling the Economic Fallout in Bangladesh: An Assessment of Stimulus Measures during the COVID-19 Pandemic Era. *AIUB Journal of Business and Economics, 18(1),* 15–35.

Al-Amin, Md., Zubayer, A. A., Deb, B., & Hasan, M. [2021] Status of tertiary level online class in Bangladesh: Students' response on preparedness, participation and classroom activities. *Heliyon, 7(1),* e05943. https://doi.org/10.1016/j.heliyon.2021.e05943

Ali, M., & Hossain, A. [2021] What is the extent of COVID-19 vaccine hesitancy in Bangladesh? A cross-sectional rapid national survey. *BMJ Open, 11(8),* e050303.

Anwar, S., Nasrullah, M., & Hosen, M. J. [2020] COVID-19 and Bangladesh: Challenges and How to Address Them. *Frontiers in Public Health*, 8, 154. https://doi.org/10.3389/fpubh.2020.00154

BB. [2022] *Gross Domestic Product of Bangladesh at Constant Prices*. Bangladesh Bank. http://bbs.portal.gov.bd/sites/default/files/files/bbs.portal.gov.bd/page/057b0f3b_a9e8_4fde_b3a6_6daec3853586/2023-02-09-04-30-cf85 a 501b83a0f5f32bcec85f1f5534f.pdf

Biswas, R. K., Huq, S., Afiaz, A., & Khan, H. T. [2020] A systematic assessment on COVID-19 preparedness and transition strategy in Bangladesh. *Journal of Evaluation in Clinical Practice, 26(6),* 1599–1611. https://doi.org/10.1111/jep.13467

Braun, V., & Clarke, V. [2006] Using thematic analysis in psychology. *Qualitative Research in Psychology, 3(2),* 77–101. https://doi.org/10.1191/1478088706qp063oa

Byron, R. K., & Jahid, A. M. [2021, October 8] *Pre-Pandemic Level: Poverty set to drop further*. The Daily Star. https://www.thedailystar.net/news/bangladesh/news/pre-pandemic-level-poverty-set-drop-further-2193171

DGHS & IEDCR. [2020] *National Preparedness and Response Plan for COVID-19,* Bangladesh (Version 5). Directorate General of Health Services, Health Service Division, Ministry of Health and Family Welfare. http://dgnm.portal.gov.bd/sites/default/files/files/dgnm.portal.gov.bd/npfblock//2020-03-31-14-33-1283d92c9c9feb4dbf1a7ebce460e77f.pdf

Dutta, S., & Smita, M. K. [2020] The Impact of COVID-19 Pandemic on Tertiary Education in Bangladesh: Students' Perspectives. *Open Journal of Social Sciences, 08(09),* Article 09. https://doi.org/10.4236/jss.2020.89004

Farhana, K. M., & Mannan, K. A. [2020] Knowledge and perception towards Novel Coronavirus (COVID 19) in Bangladesh. *International Research Journal of Business and Social Science, 6(2),* 76–79.

Gatto, M., & Islam, A. H. M. S. [2021] Impacts of COVID-19 on rural livelihoods in Bangladesh: Evidence using panel data. *PLoS ONE, 16(11),* e0259264. https://doi.org/10.1371/journal.pone.0259264

GlobalData. [2021, October] *The Unemployment rate of Bangladesh (2018—2026, %).* GlobalData. https://www.globaldata.com/data-insights/macroeconomic/the-unemployment-rate-of-bangladesh-220134/

Haleem, A., Javaid, M., & Vaishya, R. [2020] Effects of COVID-19 pandemic in daily life. *Current Medicine Research and Practice, 10(2),* 78–79. https://doi.org/10.1016/j.cmrp.2020.03.011

Hossain, M. A., Shakila, M., & Parvin, M. [2020] Governance of covid-19 pandemic in Bangladesh: Crisis and challenges. *J Public Health Policy Plann April 2020; 4(6)*: 85-89. 86

J Public Health Policy Plann 2020 Volume 4 Issue, 6.

Hossain, M. B., Alam, M. Z., Islam, M. S., Sultan, S., Faysal, M. M., Rima, S., Hossain, M. A., & Mamun, A. A. [2021] COVID-19 vaccine hesitancy among the adult population in Bangladesh: A nationwide cross-sectional survey. *PloS One, 16(12),* e0260821.

Hossain, M. I. [2021] COVID-19 Impacts on Employment and Livelihood of Marginal People in Bangladesh: Lessons Learned and Way Forward. *South Asian Survey, 28(1),* 57–71. https://doi.org/10.1177/0971523121995072

Hossain, M. S., & Alam, S. [2022] Impacts of COVID-19 on the Garment Sector of Bangladesh. *American Journal of Industrial and Business Management, 12(3),* Article 3. https://doi.org/10.4236/ajibm.2022.123026

Huda, S. S. M. S., Akhtar, A., Dilshad, S., & Maliha, S. R. [2021] An evaluation of factors affecting the management of COVID-19 in Bangladesh. *Journal of Health Research, 35(3),* 276–281. https://doi.org/10.1108/JHR-08-2020-0323

IMF [2020 a] *World Economic Outlook: The Great Lockdown.* International Monetary Fund. https://www.imf.org/en/Publications/WEO/Issues/2020/04/14/weo-april-2020

IMF [2020b, June 12] *Helping Bangladesh Recover from COVID-19.* International Monetary Fund. https://www.imf.org/en/News/Articles/2020/06/11/na-06122020-helping-bangladesh-recover-from-covid-19

Infectious Diseases (Prevention, Control and Elimination) Act, Pub. L. No.61 [2018] http://bdlaws.minlaw.gov.bd/act-print-1274.html

Islam, A. [2020, May 12] *COVID-19 increases domestic violence in Bangladesh.* Dw.Com. https://www.dw.com/en/covid-19-lockdown-increases-domestic-violence-in-bangladesh/a-53411507

Islam, K., Ali, S., Akanda, S. Z. R., Rahman, S., Kamruzzaman, A. H. M., Pavel, S. A. K., & Baki, J. [2020] COVID-19 pandemic and level of responses in Bangladesh. *International Journal of Rare Diseases & Disorders, 3(1),* 219. https://doi.org/DOI: 10.23937/2643-4571/1710019

Islam, S., Islam, R., Mannan, F., Rahman, S., & Islam, T. [2020] COVID-19 pandemic: An analysis of the healthcare, social and economic challenges in Bangladesh. *Progress in Disaster Science, 8,* 100135. https://doi.org/10.1016/j.pdisas.2020.100135

Jebin, E., & Hossain, D. M. F. [2022] Increasing Production Cost and Its Effect on RMG Sector of Bangladesh. *AIUB Journal of Business and Economics, 19(1),* 1–28. http://dspace.aiub.edu:8080/jspui/handle/123456789/656

Karim, M. R., Islam, M. T., & Talukder, B. [2020] COVID-19′ s impacts on migrant workers from Bangladesh: In search of policy intervention. *World Development, 136,* 105123. https://doi.org/10.1016/j.worlddev.2020.105123

Kashem, A., & Islam, J. [2023, January 17] *Unemployment hits all-time high at 6.91% in Nov.* The Business Standard. https://www.tbsnews.net/economy/unemployment-hits-all-time-high-691-nov-569674

Khan, H. [2020] *Economic Impact of COVID-19 On Bangladesh: Agenda for Immediate Ac-*

tion and Planning for the Future (MPRA Paper 100380). University Library of Munich.

Kumar, B., & Pinky, S. D. [2021] Addressing economic and health challenges of COVID-19 in Bangladesh: Preparation and response. *Journal of Public Affairs, 21(4),* e2556. https://doi.org/10.1002/pa.2556

Mahmud, F. [2020, March 20] *Coronavirus: In dense Bangladesh, social distancing a tough task.* Al Jazeera. https://www.aljazeera.com/news/2020/3/20/coronavirus-in-dense-bangladesh-social-distancing- a -tough-task

Majumder, F. H. [2021] Covid-19 and the RMG Industry: The Pandemic Effect. *The Apparel Story, January-February, 5–8.* https://www.bgmea.com.bd/uploads/newsletters/apparel-story-january-february-2021.pdf

Mamun, M. A., Sakib, N., Gozal, D., Bhuiyan, A. I., Hossain, S., Bodrud-Doza, Md., Al Mamun, F., Hosen, I., Safiq, M. B., Abdullah, A. H., Sarker, Md. A., Rayhan, I., Sikder, Md. T., Muhit, M., Lin, C.-Y., Griffiths, M. D., &Pakpour, A. H. [2021] The COVID-19 pandemic and serious psychological consequences in Bangladesh: A population-based nationwide study. *Journal of Affective Disorders, 279,* 462–472. https://doi.org/10.1016/j.jad.2020.10.036

Masten, A., & Obradović, J. [2008] Disaster Preparation and Recovery: Lessons from Research on Resilience in *Human Development. Ecology and Society, 13(1).* https://doi.org/10.5751/ES-02282-130109

Mathieu, E., Ritchie, H., Rodé s -Guirao, L., Appel, C., Giattino, C., Hasell, J., Macdonald, B., Dattani, S., Beltekian, D., Ortiz-Ospina, E., & Roser, M. [2023] *Coronavirus Pandemic (COVID-19).* Our World in Data. https://ourworldindata.org/coronavirus/country/bangladesh

MoF [2021] Fiscal Policy and Fiscal Management. In *Bangladesh Economic Review 2021.* Finance Division, Ministry of Finance. https://mof.portal.gov.bd/sites/default/files/files/mof.portal.gov.bd/page/f2d8fabb_29c1_423a_9d37_cdb500260002/13.%20Chapter-04%20Eng%20Eng-21.pdf

MoF [2022] Fiscal Policy and Fiscal Management. In *Bangladesh Economic Review 2022* (June 2022). Finance Division, Ministry of Finance. http://www.mof.gov.bd/site/page/666d80a0-5d42-4553-86c4-25cb525dd6b8/Economic-Reports

Mollah, S., & Saad, M. [2020, May 16] *Lax Surveillance Amid Covid-19 Crisis: Narcos active again.* The Daily Star. https://www.thedailystar.net/backpage/news/lax-surveillance-amid-covid-19-crisis-narcos-active-again-1903033

Parvez, Md. S., Al-Mamun, M., Rahaman, M. A., Akter, S., Fatema, K., Sadia, H., & Intesar, A. [2023] COVID-19 in Bangladesh: A systematic review of the literature from March 2020 to March 2021. *Journal of Global Business Insights, 8(1),* 1–15. https://doi.org/10.5038/2640-6489.8.1.1186

Paul, A., Nath, T. K., Mahanta, J., Sultana, N. N., Kayes, A. S. M. I., Noon, S. J., Jabed, Md. A., Podder, S., & Paul, S. [2021] Psychological and Livelihood Impacts of COVID-19 on

Bangladeshi Lower Income People. *Asia-Pacific Journal of Public Health, 33(1),* 100–108. https://doi.org/10.1177/1010539520977304

Pritha, N. M., Maliha, M., Swati, S. S., Khanam, N. J., & Chowdhury, T. Z. [2022] Covid-19 and Post Covid-19 Impact on Knit and Woven Ready-Made Garment Industry of Bangladesh. *International Journal of Textile Science, 11(2),* 27–36. https://doi.org/doi:10.5923/j.textile.20221102.02

Prothom Alo [2022, June 9] *Health sector doesn't get preference in budget.* Prothom Alo English. https://en.prothomalo.com/business/local/health-sector-doesnt-get-preference-in-budget

Rahman, H. Z., Matin, D. I., Rahman, A., Das, D. N. C., Zillur, U., Ahmen, M. S., Hashemi, D. S. M., Wazed, M. A., Mozumder, T. A., Gain, S. M., Mohammad, F., Khan, T. N., Tasnim, M., Jahan, N., Islam, M. S., Faruk, A., & Shameem, N. [2021] *PPRC-BIGD COVID-19 Livelihoods & Recovery Panel Survey.* BRAC Institute of Governance and Development (BIGD). https://bigd.bracu.ac.bd/study/rapid-survey-on-immediate-economic-vulnerabilities-created-by-covid-19-and-the-coping-mechanisms-of-poor-and-marginal-people/

Ramachandran, S. [2020, April 29] *The COVID-19 Catastrophe in Bangladesh.* The Diplomat. https://thediplomat.com/2020/04/the-covid-19-catastrophe-in-bangladesh/

Rashid, S. [2021] Impact of COVID-19 on Selected Criminal Activities in Dhaka, Bangladesh. *Asian Journal of Criminology, 16(1),* 5–17. https://doi.org/10.1007/s11417-020-09341-0

Rashid, S. F., Theobald, S., &Ozano, K. [2020] Towards a socially just model: Balancing hunger and response to the COVID-19 pandemic in Bangladesh. *BMJ Global Health, 5(6),* e002715. https://doi.org/10.1136/bmjgh-2020-002715

Rayhan, I., & Akter, K. [2021] Prevalence and associated factors of intimate partner violence (IPV) against women in Bangladesh amid COVID-19 pandemic. *Heliyon, 7(3),* e06619. https://doi.org/10.1016/j.heliyon.2021.e06619

Ruszczyk, H. A., Rahman, M. F., Bracken, L. J., & Sudha, S. [2021] Contextualizing the COVID-19 pandemic's impact on food security in two small cities in Bangladesh. *Environment and Urbanization, 33(1),* 239–254.

Saleh, A. [2020, March 31] *Pandemic of hunger.* Dhaka Tribune. https://archive.dhakatribune.com/opinion/op-ed/2020/03/31/pandemic-of-hunger

Tadesse, S., &Muluye, W. [2020] The Impact of COVID-19 Pandemic on Education System in Developing Countries: A Review. *Open Journal of Social Sciences, 8(10),* Article 10. https://doi.org/10.4236/jss.2020.810011

The Daily Star. [2020, March 9] First coronavirus cases confirmed. *The Daily Star.* https://www.thedailystar.net/frontpage/news/first-coronavirus-cases-confirmed-1878160

The Daily Star [2021, September 14] "General holiday" in March 2020 primary reason for nationwide Covid-19 spread: Study. *The Daily Star.* https://www.thedailystar.net/health/disease/coronavirus/frontliners/research/news/general-holiday-march-2020-pri-

mary-reason-nationwide-covid-19-spread-study-2175916
WHO [2020] *Timeline: WHO's COVID-19 response*. World Health Organization. https://www.who.int/emergencies/diseases/novel-coronavirus-2019/interactive-timeline
WHO [2023] *WHO Coronavirus (COVID-19) Dashboard*. https://covid19.who.int
World Bank [2020, June 8] *COVID-19 to Plunge Global Economy into Worst Recession since World War II*. World Bank. https://www.worldbank.org/en/news/press-release/2020/06/08/covid-19-to-plunge-global-economy-into-worst-recession-since-world-war-ii
Zumbrun, J. [2020, May 10] Coronavirus Slump Is Worst Since Great Depression. Will It Be as Painful? *Wall Street Journal*. https://www.wsj.com/articles/coronavirus-slump-is-worst-since-great-depression-will-it-be-as-painful-11589115601

第8章

日本のワクチン外交とその影響

◉要旨

コロナ禍における日本のワクチン外交において，ワクチンはいかなる性質の外交資源として機能し，どのような政策的影響をもたらしたのか。本章では，国際政治学の観点からワクチン外交の学術的総括を試みる。すでに日本のワクチン外交における戦略的目的の存在は議論されているが，外交政策におけるワクチンの位置づけやワクチン外交の成果は定まっていない。これに対して本章は，日本がワクチン外交を開始した時点において，ワクチンはソフト・パワーの構成要素にしかなり得なかったと指摘する。また，日本がワクチン外交を「自由で開かれたインド太平洋」の枠組みの中に位置づけつつも，ASEAN諸国の対日世論にほとんど影響を与えなかったことを指摘する。上記を踏まえ，日本のワクチン外交は人道的目的に基づく外交成果を挙げたものの，戦略的目的は十分に果たせなかったと結論づける。

八代　拓（やしろ　たく）

山口大学大学院東アジア研究科准教授。東京大学公共政策学教育部修了，公共政策学修士（専門職）。一橋大学法学研究科修了，博士（法学）。（株）野村総合研究所を経て2018年より現職。専門は国際政治学，日本外交史。特に冷戦期の日本，東南アジア，米国の経済外交に焦点を当てた国際関係史研究を進めている。主要業績は，『蘭印の戦後と日本の経済進出―岸・池田政権下の日本企業』晃洋書房，2020年，「1974年東南アジア反日暴動の再検討―「長い60年代」における冷戦の変容と学生の叛乱」『国際政治』209号，2023年など。

1　はじめに―コロナと国際政治

2023年9月現在，世界はかつての姿を取り戻し，新型コロナウイルス感染症（以下，コロナ）は人々の記憶から薄れつつあるように思われる。無論，ウイルスが地球上から消滅したわけではなく，感染者が皆無になったわけでもない。コロナに関する人々の集合的記憶が忘却の対象となっただけである。ただし，コロナによる死者は695万人に達している[1]。史上初の総力戦として国際秩序を変容させた第一次世界大戦の戦病死者数が約850万人だったことを踏まえると，コロナがいかに巨大な衝撃を国際社会に与えたか推し量ることができる。

事実，コロナ禍は諸国の国境閉鎖や民族的憎悪を惹起し，不可逆的に続くと思われていたグローバル化に転換点をもたらした。そして，グローバル化と相関する国際秩序もまた変容を余儀なくされた。発生から約1年後の2020年12月，米国食品医薬品局（FDA）はコロナ用のワクチンの使用認可を世界に先駆けて決定した。以後先進諸国によるワクチンの囲い込みを経て，ワクチン保有国の非保有国に対する供与が進んだ。

これに伴い，外交という国際政治上の概念に「ワクチン」という修飾語が付加され，ワクチン外交と言う用語が耳目を集めた。管見の限りワクチン外交の学術的定義は見当たらないので，本章ではさしあたり「コロナ用のワクチン供与を通じて，被供与国への影響力強化や供与国の国際的地位の向上ないしは回復を目指す外交政策」と定義しておきたい。

ワクチン外交は未だ政策評価がなされておらず，その政策形成過程に係る公文書も未開示である。従って，国際政治学におけるワクチン外交研究は僅少であり，本章も含め言説の大勢は評論の枠を出ない。そうした中，日本のワクチン外交に関しては，中国に対する牽制や日本の国際的地位の向上という政策目的に注目した議論が行われてきた[2]。これら言説においては，ワクチンをコロナ禍の国際秩序を形作る要素とみなす認識が半ば前提となっている。

しかし，ワクチンが外交政策の資源として用いられるのであれば，その性質にはどのような特徴がみられるのだろうか。そこで本章は，日本のワクチン外交を国際政治学の視点から捉えなおすことを目的とする。まず，日本の二国間及び多国間枠組を通じたワクチン供与の推移を概観する。次に，国際秩序を形成するパワーの構成要素としてワクチンの定位を試みる。そして，ワクチン外交を通じて日本の外交目標が達成されたのか分析する。

2　日本によるワクチン外交の展開

(1)　多国間枠組みを通じたワクチン外交

2020年に米国でコロナ用のワクチンが開発されて以来，ワクチンの国際的普及に向けた外交ルートが多国間及び二国間で構築されてきた。多国間枠組みとしては，2020年に発足したCOVAXファシリティ（COVID-19 Vaccine Global Access Facility，以下COVAXと表記）が挙げられる。COVAXはワクチンを共同購入する仕組みであり，Gaviワクチンアライアンス[3]，CEPI（感染症流行対策イノベーション連合）[4]及びWHOが主導している。具体的には，高中所得国が自己資金で自国用のワクチン（人口の上限20％分）を購入する枠組みと，高所得国や財団等の拠出資金により途上国にワクチン無償供与を行う途上国支援枠組み（AMC:Advance Market Commitment）が組み合わされている。

2021年６月２日，日本政府とGaviの共催により，COVAXワクチン・サミット（AMC増資首脳会合）が開催された。同サミットには40か国の閣僚やアントニオ・グテーレス（Antonio Guterres）国連事務総長，テドロス・アダノム（Tedros Adhanom Ghebreyesus）WHO事務局長らが参加した。当時の菅義偉首相は，COVAXへの２億ドルの資金支援実績をアピールするとともに，８億ドルの追加拠出を表明した。加えて，COVAX経由でのワクチン3,000万回分の提供や，ラスト・ワン・マイル支援を含むコールドチェーン整備方針も示した（外務省［2021ａ］）。

同年７月16日，日本政府はCOVAXを通じたワクチン提供に要する輸送経費のうち約466万ドルを国連プロジェクトサービス機関（UNOPS）に対して緊急無償資金協力で提供することを決定した（外務省［2021ｂ］）。この成果として，2022年４月８日開催のCOVAXワクチン・サミット2022において岸田文雄首相は，COVAXへの合計10億ドルの資金支援実績や，4,300万回分以上のワクチンの供与実績，1.6億ドル分のラスト・ワン・マイル支援実績[5]をアピールした。また，CEPIに対する3億ドル分の新規資金拠出やCOVAXに対する5億ドルの追加拠出を表明した（外務省［2022 a］）。

(2) 「ワクチン提供競争」下での二国間外交

東南アジアを重視する日本のワクチン外交

多国間枠組みであるCOVAXを重視する一方，日本は二国間での直接的なワクチン供与を進めた（**図表8－1**）。2023年9月時点で日本の供与済みワクチン4,404万回分のうち，二国間直接供与は2,466万回分を占める。二国間直接供与の内訳は，ベトナム735万回分，インドネシア688万回分，台湾420万回分，フィリピン309万回分，タイ204万回分，マレーシア100万回分，ブルネイ10万回分である。これら7か国への二国間直接供与で全体の約56％を占めており，残る44％がCOVAX経由で21か国へ配分されている（外務省［2023 a］）。

図表8－1 日本のワクチン供与実績（2023年4月）（単位：万回）

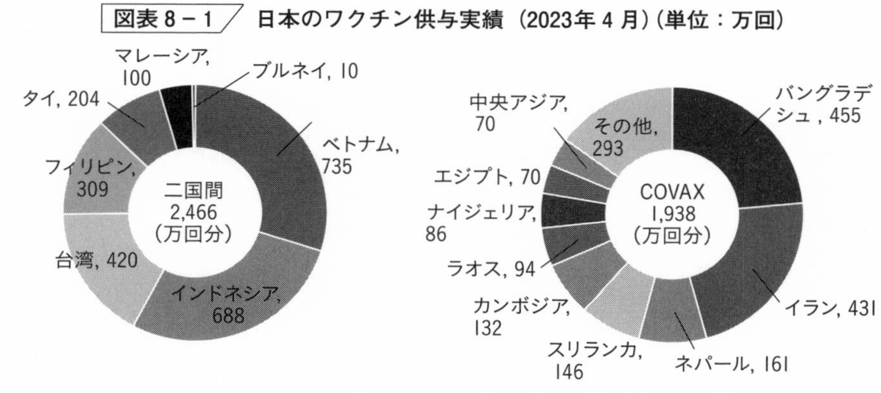

出所：外務省［2023 a］を基に筆者作成

二国間外交関係に基づき，特定少数の国家に対して重点的にワクチンを供与する際，そこには日本政府の戦略的意図が存在すると想定するべきであろう。こうした戦略的意図の根拠資料は未公開であるが，メディアを中心とした議論はなされてきた。例えば，アジア太平洋地域の外交雑誌であるThe Diplomatは，中国によるワクチン外交に呼応する形で，日本が戦略的利益を期待できる供与先を自由に選ぶためにCOVAXを経由しないワクチン供与を開始したという報道を展開した（Strangio [2021]）。また，香港メディアのSouth China Morning Postも，日本の東南アジアに対する地政学的関心や同地域における日本の影響力拡大がその眼目であると論じた（Ryall [2021]）。これらを合わせると，中国の影響力拡大を牽制する形で日本が東南アジアとの関係を強化することがワクチン供与の戦略的意図だったという推測が成り立つ。

東南アジアの全方位ワクチン外交

こうした東南アジア各国と日本との二国間関係強化という視点とは対照的に，東南アジア各国は複数のワクチン供与国との関係強化に乗り出していた。COVAX経由でのワクチン供給量が人口の20％を上限としているため，残りの必要分を外交交渉によって直接調達する必要に迫られていたのである。

例えば，2021年３月31日，ベトナムのグエン・タイン・ロン（Nguyen Thanh Long）保健大臣は，中国，ロシア，インド各国大使との二国間会談を立て続けに行った。翌４月１日にはEU，米国，日本，６月８日にはオーストラリア，フランス，スイスとの会談を実施した。高頻度の会談を通じてベトナム政府は複数のワクチン調達先確保を目指したのである。

結果，同年７月までに，ベトナムは6,890回分[6]のアストラゼネカ製ワクチン（英国），2,000万回分のスプートニクV（ロシア），50万回分のシノファーム（中国），3,100万回分のファイザー（米国）の調達目途をつけた（比良井 [2021]）。いわばベトナムはワクチン供給に向けたいわば全方位外交を展開したのであり，日本はその対象の一つだったと言える。

インドネシアについても同様の逼迫した事情を挙げることができる。インドネシアに対して積極的なワクチン供与を最も早く行ったのは中国である。2021年１～６月の中国のワクチン輸出額のうち，インドネシアへの輸出は13.3％を占め最大の供与先となっていた（ジェトロ [2021]）。王毅国務委員兼外交部長が議長を務める「一帯一路」アジア太平洋地域国際協力ハイレベル会議（2021年６月23日開催）においても，ワクチンの共同開発や技術交流促進が重点化された。またワクチンの現地生産計画も進み，シノバック製ワクチンの年産250万本が目指されていた。

しかし，中国の積極的なワクチン外交にも関わらず，インドネシアにおける感染は急拡大した。2021年５月のラマダン明けに伴う人の移動増が感染に拍車をかけ，６月下旬以降の新規感染者は１日２万人を超えた。この状況の下，日本政府はインドネシアへのワクチン供与を決定した。７月１日には，日本政府提供のアストラゼネカ製ワクチンがインドネシアとマレーシアに到着した。それでもなお，インドネシアの感染者は急増を続け，７月12日には１日４万人を超過した。ワクチン接種回数は5,140万回で，インドネシア政府が必要とする３億6,000万回の14.3％程度に留まっていた（外務省［2021ｃ］）。日本政府はインドネシアへの100万回分のワクチン追加供与とUNOPS経由での酸素濃縮器2,800台を無償供与するとともに，10月には199万回分，2022年１月には272万回分のワクチンを提供した。

上述のベトナムやインドネシアの事例にみられるように，被供与国におけるワクチンの絶対的不足は，被供与国による複数の供与国へのアプローチをもたらした。一方供与国側は他の供与国との競合関係を見据えつつ，ワクチン提供を通じた被供与国との関係強化を目指した。この点で，ワクチンを巡る供与国間の関係は，開発協力を巡る援助競争に似た要素を持つものだった。

(3)「自由で開かれたインド太平洋」との親和性

上述のような二国間外交に基づくワクチン供与に対して日本政府はユニバーサル・ヘルス・カバレッジ（UHC）[7]の達成が目的であったという見解を示しており，従前の外交構想との関係については言及に消極的である。しかし結論を先んじれば，東南アジアに対する日本のワクチン外交は，第二次安倍政権が掲げた「自由で開かれたアジア太平洋」（FOIP: Free and Open Indo-Pacific）と親和性の高い外交分野であった。また，FOIPを推進するための枠組みである日米豪印戦略対話（QUAD: Quadrilateral Security Dialogue）をプラットフォームとしながらワクチン外交は展開されたのである。

まず，FOIPについてその内容を概観しておきたい。FOIPは2016年の第６回アフリカ開発会議（TICAD Ⅵ）で安倍晋三首相が示した概念である。その目的は，中国の経済的台頭を踏まえてインド洋と太平洋の連結を強化し，潜在市場であるアフリカや成長市場であるアジアと日本の関係を強化することに据えられていた[8]。FOIPは中国の影響力が大きいASEAN地域の連結性を向上させ，その成功経験を中東・アフリカに展開することを目指していた（外務省［2022 b］）。

翌年11月，米中対立が先鋭化する中で，ベトナムのダナンを訪問したトランプ大統領はFOIPへの賛同を示した[9]。この時点におけるFOIPは中国の海洋進出に対する日米同盟を基軸とした包囲網，あるいは，中国の進める「一帯一路」構想に対抗する日本主導の経済協力構想としての性格を持っていたのである（神田［2019］）。

(4) ワクチン外交のプラットフォームとしてのQUAD

上記のFOIPを実現するための枠組みとして組成されたのが，QUADである。QUADは，自由や民主主義，法の支配など価値観を同じくする日米豪印４か国による多国間枠組みである。2017年11月以降は局長級会合が定期的に開催され，2019年９月及び2020年10月には外相会合が開催された。

元来QUADによる協力分野は，質の高いインフラ，海洋安全保障，テロ対策，サイバーセキュリティ，人道支援・災害救援等であったが，2021年３月に転換点を迎えた。QUAD首脳テレビ会議において，インド太平洋における安全で有効なワクチンへの公平なアクセスを強化するためのワクチン専門家作業部会の発足が決まった。即ち，QUADの協力分野にワクチン提供が加わったのである。

これを受けて，米国国際開発金融公社（DFC）は，インドの医薬品企業バイオロジカルＥ社に対してジョンソン＆ジョンソン社製のワクチン10億回分を生産できるよう資金援助を行うことを約した。また，日本ではワクチン製造拡大に向けた対印円借款供与の検討に着手した。加えて，４か国は「ラスト・ワン・マイル」支援のための物流網整備や人材育成の強化を進めることで合意した（外務省［2021 d］）。これら協力の結果，同年９月の４か国首脳会合を経て，インド製ワクチンの生産拡大やインド太平洋地域への供給が検討された（外務省［2022 c］）。

上述の経緯を踏まえると，2021年３月の時点で「自由で開かれたインド太平洋を実現するためのワクチン外交」という政策上の定位がなされたと考えることができる。そして，FOIPが対中包囲網という性質を持っている以上，FOIPに基づくワクチン外交もまた必然的に対中牽制策としての様相を呈したと考えるべきであろう。換言すれば，ワクチンは単なる人道物資ではなく，自由や民主主義に基づく国際秩序を維持するための政治的な資源として活用が試みられていたとも言えよう。ゆえに，ワクチン外交の先行者である中国を巻き返すためにも，世界最大のワクチン生産国かつ民主主義国のインドをQUADは重視したのであろう。

3　外交資源としてのワクチンの変容

(1)　国際政治における権力と外交資源

国際政治における権力

前節で述べたように，ワクチンが政治的な性質を併せ持つものであるならば，現実の国際政治の中で，どのような外交資源として機能したのであろうか。まずは，国際政治における外交資源である権力（パワー）について基本的な議論を整理したい。

政治学における権力論の射程範囲は広範であり，著者はその全てを論じる力量を持たない。端的に言えば，「社会関係の中で抵抗に逆らっても自己の意思を貫徹する各々のチャンス」（ウェーバー［1987］p.82）というウェーバーの定義に見られるように，権力とは何かの実態というよりも関係を示す概念である。ただし，実際の国際政治において行使される権力は政治理論上の概念ほど多様ではない。むしろ，ダールの言うような「AがBに対して，さもなければBがしなかった行動をとらせることができる場合，AはBに対して権力を持つ」（Dahl［1957］pp.202-203）という一次元的な権力観が中心であろう。

現実主義的な理解に従えば，国際政治とは他の政治と同様に権力闘争の世界であり，国際社会における目標実現は権力獲得によって果たされる（モーゲンソー［2013］p.94）。主権国家よりも上位に立つ権威が存在せず，国内社会のような強制管轄権を具備した法制度もない自然状態の中で，国家はその存続のために権力の獲得を目指す。例えば，クラウゼヴィッツによる「戦争とは相手にわが意思を強要するために行う力の行使である」（クラウゼヴィッツ［2001］p.22）という至言もまたこうした現実主義的な権力観に基づくものである。

権力の構成要素としての外交資源

ただし，軍事力は権力そのものではく，権力の構成要素である。例えば，軍事力を実際に行使することなく威嚇のみに用いる場合，その効果は心理的なものに留まる。つまり，軍事力による恐怖を背景とした心理的な圧迫を通じて，権力の行使者は自らの意思を貫徹し，客体の行動変容を迫っている。従って，権力は両者の間の心理的な関係ともいえる。この心理的関係を規定する要素が，権力の構成要素である。軍事力以外にも，地政学的地理や動員可能な人員数，保有する天然資源，経済力，技術力などが権力の構成要素とみなされてきた。これら権力の構成要素を外交資源として用いつつ，国際社会における権力を追求するのが現実主義的な国際政治の姿であろう。

ハード・パワーとソフト・パワー

上述の伝統的な権力理解に一石を投じたのが，ナイのソフト・パワー論である。ナイは軍事力をはじめとする権力の構成要素をハード・パワーの源として位置づけ，ソフト・パワーの構成要素と峻別した。ソフト・パワーとは，自国が望む結果を他国も望むようにする力であり，他国を無理やり従わせるのではなく，味方につける力である（ナイ［2004］p.26）。そのパワーの構成要素は，魅力的な文化[10]や政治的価値観に基づく国内外の政策[11]，正当で敬意に値する外交政策である（同上p.34）。ナイの議論の功績は，国際関係における権力の性質とその構成要素を実態に即して多様化させた点にある。

(2) 権力の構成要素としてのワクチン

ワクチン・ナショナリズムの下で

では，コロナ禍におけるワクチンはハード・パワーの構成要素なのか，あるいはソフト・パワーのそれなのか。この点を論じるにあたり，ワクチン開発以降の各段階における，ワクチンの持つ意味合いの変化を整理したい。

図表８－２／全世界におけるコロナ致死率の推移[12]と各国のワクチン供与時期

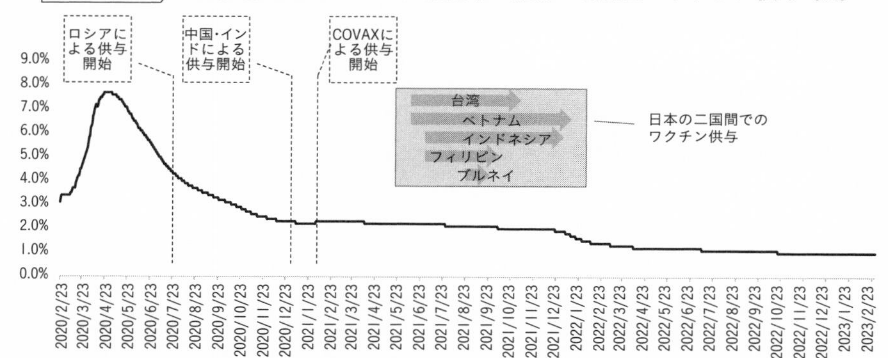

出所：COVID-19 Data Repository by the Center for Systems Science and Engineering（CSSE ）at Johns Hopkins Universityより筆者作成

まず，2020年前半段階では，世界的な感染が進む一方で，ワクチンは開発段階にあり，コロナによる死亡率も７％以上という高い水準に至っていた。ワクチンも確立された治療方法もない中で，未知の感染症に国際社会は戸惑う他なかった。同時期，欧米諸国は自国内でのワクチン開発を進めつつ，製薬メーカーと直接購入契約を結ぶことで自国民向けのワクチン確保に奔走した。いわゆるワクチン・ナショナリズムが台頭する欧米諸国において，途上国に対するワクチン供与は後背に追いやられていた。

中露印によるワクチン外交

この段階を経て，中露印による二国間ワクチン外交が始まった。2020年８月11日，ロシア保健省はスプートニクＶ（Sputnik V）を認可し，世界に先駆けてワクチン開発に成功したことを喧伝した。2021年３月までに南米や中東欧の諸国がロシアと購入契約交渉を進めた。中国は，王毅外交部長がアフリカと東南アジアを歴訪したことを契機とし，2021年１～３月にかけてシノバック・バイオテック社（Sinovac Biotec）とシノファーム社（Sinopharm）製のワクチンを東南アジア，中東，中南米，アフリカに対して有償・無償で提供した。インドもまた，アストラゼネカ社・オクスフォード大学開発とのライセンス契約を通じてワクチンの国内生産を開始し，2021年１月にアジア・アフリカ・中東・中南米へと有償・無償で提供した。

この時点での３か国によるワクチン提供には，①欧米諸国からのワクチンが届かないところへ，②国際貢献をアピールできるところへ，③ライバル国と影響力を競い合っているところへ向かう傾向があったという（山田［2021］p.671）。欧米諸国のワクチン・ナショナリズムを受けて，テドロスWHO事務局長が「世界は壊滅的な道徳的失敗に差し掛かっている」（WHO［2021］）と懸念を示したように，ワクチンの公平な配分とは程遠い状況が存在していた。ワクチンの被供与国からすれば，代替調達先が見いだせない中で国民の生命を保護するためには，上記３か国との関係を維持しつつ円滑なワクチン供給を受けることが唯一の解だったのであろう。

それがゆえに，ホンジュラスやグアテマラなど，台湾と外交関係のある国に対し，中国がワクチン提供と引き換えに台湾との関係を断絶するよう圧力をかけるという事態も生じた[13]。ハイエクの言を借りれば，中国は「人々が完全に頼っている非常に重要な商品を支配」（ハイエク［1987］p.8）していたのであり，砂漠のオアシスの水源所有者のごとく真の強制を実行できたのである。ワクチンは，いわば被供与国の国民生命を人質にして供与国の意思を強制するハード・パワーの構成要素として分類すべきものであった。

ワクチン調達先の複数化

一方，中露印による二国間ワクチン外交は，多国間枠組みであるCOVAXのワクチン供給が始まることで転換点を迎えた。2021年２月，COVAXはガーナにワクチンを供給し，その後コートジボワール，アフガニスタン，パレスチナ，イエメンなど世界各国への供給を進めた。2022年９月までに146か国（17億回分）へのワクチン供給を進め，同年末までに低所得国国民の70%の接種完了を目指した[14]。これまで中露印３か国からのワクチン供給を生命線としてた国々からすれば，これら３か国との政治的協調をせずともワクチンを入手できる代替調達先が生まれたことを意味していた。

日本に残された道

日本がベトナムにワクチン供与を開始したのは，先述の通り2021年７月のことである。すでにワクチン・ナショナリズムも収束傾向に向かい，途上国のワクチン調達先も複数化していた。従って，日本のワクチン供与は，被供与国の国民生命の保護にとって，「唯一の生命線」ではなかった。だからこそ，なぜこの時期に日本がワクチン外交を展開するのか，政策目的に関心が集まったのである。

このような経緯ゆえに，日本によるワクチン供与を，膨張する中国に対抗し東南アジアでの日本の評価を高めるための措置とみなす言説（Beaty［2021］）が成立した。事実，茂木敏充外相もASEAN諸国をFOIP実現のための重要なパートナーと位置付け，COVAXを経由せずスピード重視で二国間供与を進める方針を示した（外務省［2021 e］)。一方，中国の一帯一路構想に対する対抗措置やFOIPの実現手段として，日本のワクチン供与には戦略性が欠如しているとの指摘もある（Ichihara & Yamada［2021］)。

事実，中国がワクチン被供与国に台湾問題への支持を求めるのと対照的に，日本はワクチン外交の非政治化と高品質ワクチンによる信頼の獲得を目指した（Ramani［2021］)。ゆえに，日本政府はUHCの達成に向け，あらゆる国・地域において，安全性，有効性，品質が保証されたワクチンへの公平なアクセスが確保されることが重要（外務省［2021 f］）という理念を示した。

確かに，ワクチンを他国に対する強制のための外交資源として用いることは，日本の従前の外交方針とも整合しなかった。ただし，日本が敢えてワクチンをハード・パワーの構成要素として用いなかったわけではなかろう。そこには，被供与国におけるワクチン調達の切迫度が相対的に低下する中で，もはやワクチンが強制のための外交資源にはなり得ないという事情もあったのではないか。だとすれば，UHCの達成という価値観重視型の路線は，「日本が選んだ道」というよりも，「日本に残された道」だったとみなすこともできる。

このように考えていくと，日本によるワクチン供与には，ワクチンのハード・パワーの構成要素としての性質が失われていく中で，自由や民主主義といった政治的価値観や人命の保護という倫理的価値観に基づくソフト・パワー外交としての側面を見出すことができる（**図表 8－3**）。

本節で論じたように，ワクチンの持つ権力構成要素としての特徴は，感染とワクチン配分の段階に応じて変化してきた。代替調達先がない段階におけるワクチンはハード・パワーの構成要素となり得た。一方，調達先が複数化し接種

図表８－３　権力の構成要素としてのワクチンの位置づけ

	ハード		ソフト	
行動の種類	強制	誘導	課題設定	魅力
構成要素	軍事力 制裁	報酬 賄賂	制度	価値観 文化 政策
	ワクチン供与 （～2021.1）		ワクチン供与 （2021.2～）	

出所：ナイ［2004］p.30に筆者加筆

も進みつつある段階におけるワクチンはソフト・パワーの構成要素とみなすべきものであった。

4　東南アジアの対日認識の変化

これまで論じてきた日本のワクチン外交はどのような成果を収めたのであろうか。特に日本が二国間供与を重点的に行った東南アジアにおいて，本稿が指摘するような戦略的目的は果たされたのか。本節では，外務省による「海外における対日世論調査」（ASEAN対象[15]）のうち，2019年11月（外務省［2020］）と2022年１月（外務省［2022ｄ］）の結果を比較分析しながら考察する。

図表８－４　ASEAN諸国民の対日関係の変化

あなたの国と日本は現在どのような関係にあると思いますか。

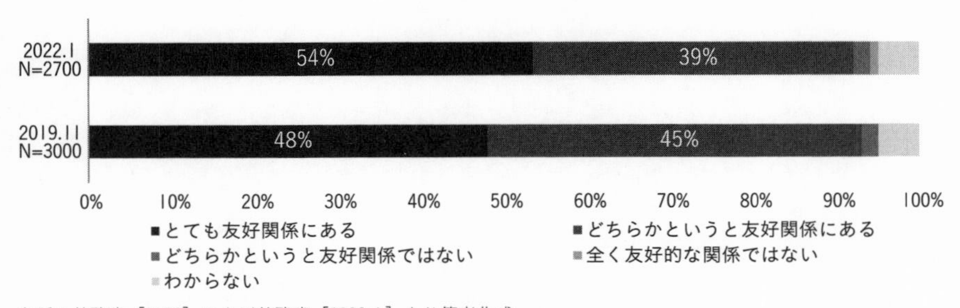

出所：外務省［2020］および外務省［2022ｄ］より筆者作成

まず，日本との友好関係に関しては，「とても友好関係にある」という回答が2019年の48％から2022年の54％に増加した。一方，「どちらかというと友好関係にある」という回答は，45％から39％に低下した。結果，両者を合算した肯定的な回答は，ともに93％である。日本との友好関係を積極評価する回答割合は増加したものの，肯定的な回答割合に変化はない。

図表8－5　ASEAN諸国民の日本に対する信頼度

あなたの国の友邦として，今日の日本は信頼できると思いますか。

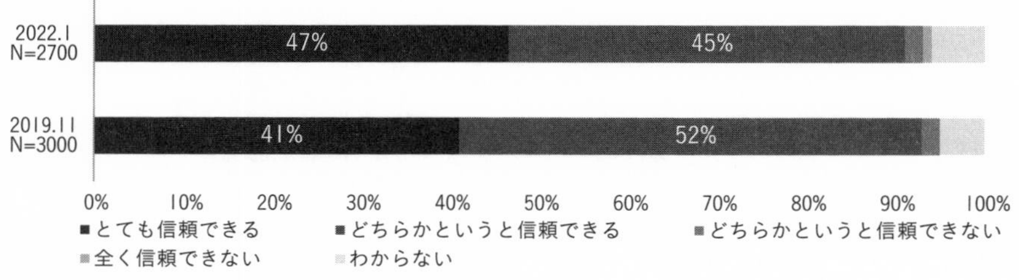

出所：外務省［2020］および外務省［2022ｄ］より筆者作成

日本の信頼性に関しては，「とても信頼できる」（2019年：41％，2022年：47％），「どちらかというと信頼できる」（2019年：52％，2022年：45％）の合算値は，93％から92％へと若干の減少が見られた。

図表8－6　日本の役割に対するASEAN諸国民の認識

日本は次のそれぞれの分野においてどの程度重要な役割を果たしていると思いますか。地球規模の課題解決（環境，気候変動，感染症，人口，貧困等）

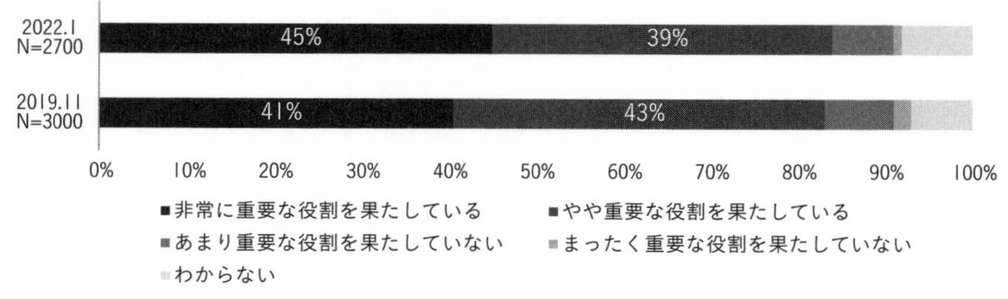

出所：外務省［2020］および外務省［2022ｄ］より筆者作成

感染症を含む地球規模の課題解決に向けた日本の役割に関しては，「非常に重要な役割を果たしている」（2019年：41％，2022年：45％），「やや重要な役割を果たしている」（2019年：43％，2022年：39％）の合算値はともに84％である。ワクチン外交の評価を含む設問ではあるが，ワクチン外交の前後で肯定的な回答の割合に変化は見られない。

図表８－７ ASEAN諸国にとっての重要なパートナー（現在）

あなたの国にとって，現在重要なパートナーは次の国・機関のうちどの国・機関ですか。［複数回答可］

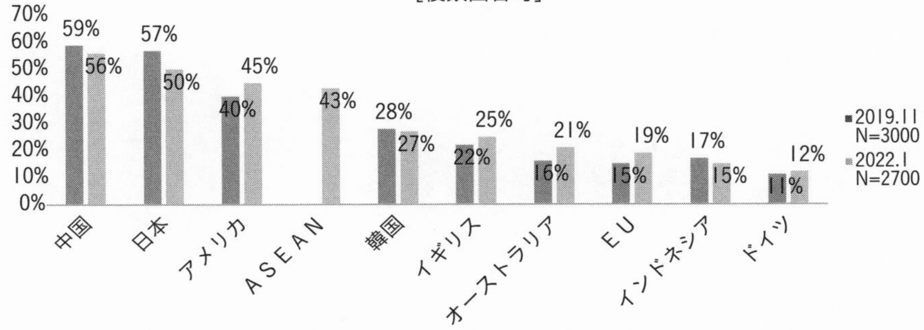

出所：外務省［2020］および外務省［2022ｄ］より筆者作成

現在重要なパートナーとみなされている国については，ともに中国が首位である。日中両国ともに2019年から2022年にかけて下落が見られるが，日本は57％から50％へ７ポイント下落するなど，中国よりも下落幅が大きい。

図表８－８ ASEAN諸国にとっての重要なパートナー（将来）

あなたの国にとって，今後重要なパートナーとなるのは次の国・機関のうちどの国・機関ですか。［複数回答可］

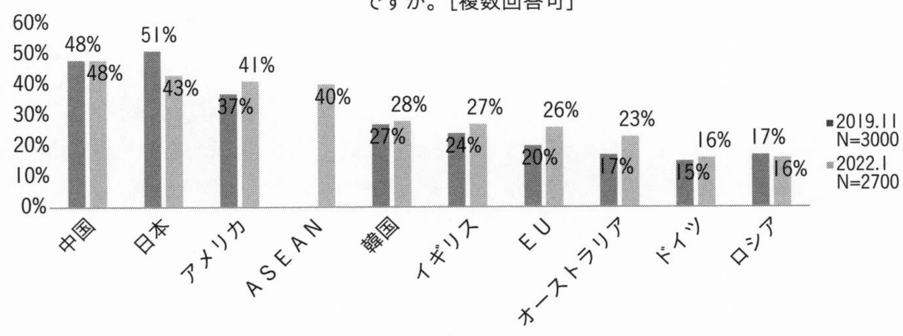

出所：外務省［2020］および外務省［2022ｄ］より筆者作成

今後のパートナー国として，2019年調査では日本が51％を占め首位であったが2022年調査では43％に下落した。中国の回答割合には変化がないが，2022年調査では日本に代わって首位を獲得している。

以上の調査結果から，コロナの発生と日本のワクチン供与の期間を含む，

2019年11月から2022年にかけて，対日友好意識や日本の信頼性，国際的役割にはほとんど変化がなかったことが分かる。加えて，同期間においてパートナー国としての日本の重要性は低下したといえる。無論，これらは日本のワクチン外交がマイナスの影響をもたらしたということを意味するわけではない。また，ASEAN諸国民の対日意識のみをもって，政府間関係を含む日本の外交戦略の成果を評価するのも適切ではない。しかしながら，ワクチン外交を通じて日本の国際的立場が抜本的に向上したとは言い難い。さらに言えば，日本の国際的立場の低下に対して歯止めをかけるほどの役割もワクチン外交は果たさなかったのではないだろうか。

5　おわりに―人道的目標の達成と戦略的目標の未達成

本稿で論じたように，日本はCOVAXへの出資に加えて二国間関係に基づく東南アジアへのワクチン供与を進めてきた。そこには，東南アジア諸国民の生命を守るという人道的目的だけでなく，「自由で開かれたアジア太平洋」を実現するための日米豪印の連携という戦略的目的が共存していたと考えるべきである。一帯一路構想を進めるとともにワクチン供与を通じて自国の影響力を拡大しようとする中国に対する対抗策としての意味合いもあった。

ただし，日本がワクチン供与を開始した時期は，すでにCOVAXによるワクチン供与が始まり，東南アジア諸国のワクチン調達先が複数化した段階であった。この段階において，日本がワクチンをハード・パワーの構成要素のように行使することは困難であり，適切でもなかった。従って日本は，価値観重視型の外交を進め，ワクチンをソフト・パワーの構成要素として活用した。

ところが，日本のワクチン外交の展開期には，東南アジア諸国の対日意識に改善が見られないばかりか，日本のパートナーとしての重要性も低下してしまった。仮に，日本のワクチン供与が純粋な人道目的に基づいていた場合，被供与国のワクチン接種の拡大と同国民の死亡リスク低減をもたらした以上，外交政策として成功を収めたといえる。しかしながら，FOIPの観点に基づく戦略目的が存在していたのであれば，同目的がワクチン外交を通じて達成されたという証左は現時点では見いだせない。

◉注

1　2023年9月22日時点。WHO ‘Coronavirus (COVID-19) Dashboard’，(https://covid19.who.int/, 2023年9月25日最終閲覧).

2　例えば，比良井［2021］，山田［2021］，Julian［2021］，Samuel［2021］，Coleman,［2021］，Ichihara & Yamada［2021］など。

3　2000 年に発足したグローバルな官民連携に基づくパートナーシップ機関。米国，英国，ドイツ，フランス，日本などが資金を拠出している。

4　2017年1月にダボス会議で発足した国際基金。ワクチン開発を行う製薬企業・研究機関に資金を拠出している。

5　ワクチンを接種現場まで届けるためのコールドチェーン体制の整備や医療関係者の接種能力強化等の支援。

6　COVAX経由：3,890万回分，ベトナム・ワクチン社（VNVC）経由：3,000万回分。

7　全ての人が適切な予防，治療，リハビリ等の保健医療サービスを，支払い可能な費用で受けられる状態。日本は2016年の伊勢志摩サミットにおいて，アジア・アフリカにおけるUHCの確立支援や国際的議論において主導的役割を果たすことを表明した。

8　具体的には，①法の支配，航行の自由，自由貿易等の普及・定着，②経済的繁栄の追求（連結性，EPA/FTAや投資協定を含む経済連携の強化），③平和と安定の確保（海上法執行能力の構築，人道支援・災害救援等）など。

9　加えて米国は2018年5月，太平洋軍（USPACOM: United States Pacific Command）をインド太平洋軍（USINDOPACOM: United States Indo-Pacific Command）へと改組した。

10　ナイは大衆文化をソフト・パワーの源として位置づけており，大衆文化をソフト・パワーそのものとみなす言論に対しては慎重な態度をとる。

11　例えば，国内における民主主義的行動，国際機関における他国との協調，外交政策における平和と人権の推進など。

12　Total DeathsをTotal Casesで除して算出。

13　「台湾との断交促す「ワクチン外交」，米国務省が非難」産経新聞，2021年5月14日(https://www.sankei.com/world/news/210514/wor2105140012-n1.html, 2023年9月25日最終閲覧)

14　UNICEF 'COVAX, COVID-19 Vaccine Global Access', (https://www.unicef.or.jp/kinkyu/coronavirus/covax/, 2023年9月25日最終閲覧)

15　対象国：ブルネイ，カンボジア，インドネシア，ラオス，マレーシア，フィリピン，シンガポール，タイ，ベトナム，ミャンマー（2022年は未実施）。対象者：18歳～59歳の男女（各国300名）。調査手法：インターネット調査・訪問面接調査。

◉参考文献

Beaty, Coleman［2021］Japan and Vaccine Diplomacy, *The Center for Strategic and International Studies*, August 9, 2021,
(https://www.csis.org/blogs/new-perspectives-asia/japan-and-vaccine-diplomacy, 2023年9月25日最終閲覧)

Clausewitz, C.,［1832］*Vom Kriege*, F. Dummler（日本クラウゼヴィッツ学会訳『戦争論

レクラム版』芙蓉書房出版, 2001年)
Dahl, Robert［1957］The Concept of Power, *Behavioral Science*, 2:3（1957: July).
Hayek, F.A.［1960］*The Constitution of Liberty*, The University of Chicago Press.（気賀健三・古賀勝次郎訳『ハイエク全集6　自由の条件II　自由と法』春秋社, 1987年。)
Ichihara, Maiko & Yamada, Atsushi［2021］Japan as an Agenda Setter for the Quad's Vaccine Diplomacy, *The Diplomat*, April 30, 2021,
（https://thediplomat.com/2021/04/japan-as-an-agenda-setter-for-the-quads-vaccine-diplomacy/, 2023年9月25日最終閲覧)
Morgenthau, H.J.［1948］*Politics among Nations: the Struggle for Power and Peace*, Knopf（原彬久監訳『国際政治（上)』岩波書店, 2013年)
Nye, J.S.［2004］*Soft Power: The Means to Success in World Politics*, Public Affairs.（山岡洋一訳『ソフト・パワー――21世紀国際政治を制する見えざる力』日本経済新聞社, 2004年)
Ramani, Samuel［2021］'Vaccines Are Japan's New Tool to Counter China', *Foreign Policy*, July 23, 2021,
（https://foreignpolicy.com/2021/07/23/vaccine-diplomacy-covid-japan-china-competition/, 2023年9月25日最終閲覧)
Ryall, Julian［2021］Coronavirus: can Japan counter China's vaccine diplomacy with Southeast Asian donations?, *South China Morning Post*, June 16, 2021,
（https://www.scmp.com/week-asia/politics/article/3137431/coronavirus-can-japan-counter-chinas-vaccine-diplomacy-southeast, 2023年9月25日最終閲覧)
Strangio, Sebastian［2021］Japan Steps Up Its "Vaccine Diplomacy" in Southeast Asia, *The Diplomat*, June 17, 2021,
（https://thediplomat.com/2021/06/japan-steps-up-its-vaccine-diplomacy-in-southeast-asia, 2023年9月25日最終閲覧)
Weber, M.［1921］*Wirtschaft und Gesellschaft*, J.C.B. Mohr（阿閉吉男・内藤莞爾訳『社会学の基礎概念』恒星社厚生閣, 1987年)
WHO［2021］WHO Director-General's opening remarks at 148th session of the Executive Board, 18 January 2021,
（https://www.who.int/director-general/speeches/detail/who-director-general-s-opening-remarks-at-148th-session-of-the-executive-board, 2023年9月25日最終閲覧)
外務省［2020］「令和元年度海外対日世論調査」
（https://www.mofa.go.jp/mofaj/files/100023100.pdf, 2023年9月25日最終閲覧)
外務省［2021a］「COVAXワクチン・サミット（令和3年6月2日）菅総理プレッジ・ステートメント」
（https://www.mofa.go.jp/mofaj/files/100197118.pdf, 2023年9月25日最終閲覧)
外務省［2021b］「COVAXファシリティを通じた国内製造ワクチンの供与に係る輸送費用等のための緊急無償資金協力」令和3年7月16日,
（https://www.mofa.go.jp/mofaj/press/release/press6_000865.html, 2023年9月25日最終閲覧)

外務省［2021 c］「インドネシア共和国に対する新型コロナウイルス・ワクチンの贈与」2021年７月13日，
(https://www.mofa.go.jp/mofaj/press/release/press３_000522.html，2023年９月25日最終閲覧)
外務省［2021 d］「日米豪印首脳会議ファクトシート」2021年３月12日，
(https://www.mofa.go.jp/files/100159232.pdf，2023年９月25日最終閲覧)
外務省［2021 e］「茂木外務大臣会見記録」2021年６月15日，
(https://www.mofa.go.jp/mofaj/press/kaiken/kaiken22_000023.html，2023年９月25日最終閲覧)
外務省［2021 f］「インドネシア共和国に対する新型コロナウイルス・ワクチンの贈与に関する書簡の交換」2021年６月29日，
(https://www.mofa.go.jp/mofaj/press/release/press３_000512.html，2023年９月25日最終閲覧)
外務省［2022 a］「COVAXワクチン・サミット2022岸田総理大臣ビデオメッセージ」
(https://www.mofa.go.jp/mofaj/files/100329704.pdf，2023年９月25日最終閲覧)
外務省［2022 b］「自由で開かれたインド太平洋（Free and Open Indo-Pacific）」2022年５月16日，
(https://www.mofa.go.jp/files/000430631.pdf，2023年９月25日最終閲覧)
外務省［2022 c］「日米豪印によるカンボジアへのワクチンの供与」2022年４月12日，
(https://www.mofa.go.jp/mofaj/press/release/press１_000826.html，2023年９月25日最終閲覧)
外務省［2022 d］「令和３年度海外対日世論調査」
(https://www.mofa.go.jp/mofaj/files/100348514.pdf，2023年９月25日最終閲覧)
外務省［2023 a］「日本によるワクチン関連支援」令和５年４月，
(https://www.mofa.go.jp/mofaj/files/100221711.pdf，2023年９月25日最終閲覧)
神田茂［2019］「自由で開かれたインド太平洋と米中対立」『立法と調査』409，2019年２月，
(https://www.sangiin.go.jp/japanese/annai/chousa/rippou_chousa/backnumber/2019pdf/20190206002.pdf，2023年９月25日最終閲覧)
ジェトロ［2021］「「一帯一路」に積極供給」2021年８月４日，
(https://www.jetro.go.jp/biz/areareports/2021/9678ａ868bdf７fbb7.html，2023年９月25日最終閲覧)
比良井慎司［2021］「第４波のベトナム，ワクチン外交をめぐる攻防」ジェトロ，
(https://www.jetro.go.jp/biz/areareports/2021/b４ab970033041366.html，2023年９月25日最終閲覧)
山田敦［2021］「ワクチン外交とグローバル・ヘルス・ガバナンス－－パンデミック宣言から１年」『一橋法学』20(2)，2021年７月

あとがき―本書の各章の独創性，本書全体としての意義，残された課題

本書で何が明らかになったか。各章それぞれ何を論じたのか，その主張点，独創的と思われるところを手短に書き留めよう。

第１章においては，コロナ禍において社会制度・組織をいかに動かすかという論点から，制度論経済学的な議論の一定の総括を試み，自由競争市場の失敗という概念にまで高められなければならないという主張を行なっている。そして国家統制の強化の前に社会保障を充実させるべきだという主張を鑑み，情報システムにより各医療機関の役割分担と連携が図られ得ることを山口の事例等から例証している。

第２章，朝水論稿では，コロナ期の移動規制に関して，水際対策は有効だが，まず外国人労働者はコロナ禍において増加を続けたという事実を指摘している。さらにカテゴリー別に，留学生でも学位コースにある者とそうでない者とで来日許可が相違したことを明らかにしている。とりわけ山口大学の事例により留学生受け入れ現場の視点を取り入れカテゴリー別の動向について確証している。第３章，バダ論稿では，コロナ禍により，むしろ多くのデスティネーション（観光地）が創造的で革新的になったという。しかしながら，オーバーツーリズムという概念が再び浮上するだろうと警鐘を鳴らしている。マレーシアはコロナ禍の広がりから教訓を得て，国内外の観光に注意を払い，経済基盤の多用化をしなければならないとしている。

第４章，武本論稿では，日本人の衛生行動の多くがプライベートな場面で行われていることに着目し，日本の衛生行為やひいてはコロナ対策が「日本人は同調圧力に弱い」からでは説明できないと論じた。国際調査の結果に基づいて，英語圏と同じほど主体的に行なっているのであるとして，日本型感染病対策の普及を推奨している。第５章，立山論稿は，感染症対策はもっと強権的な手段に基づくべきであるというのは誤解である。日本国憲法第25条に基づき社会福祉・社会保障及び公衆衛生の向上が優先されなければならない。感染症法33条

（都市封鎖）や32条（家屋の強制的な除却）のような強制的感染対策はエボラ出血熱の感染爆発であれば兎も角，コロナパンデミックは同水準だったのだろうかと指摘している。

第6章，宋＝徐は，中国におけるコロナ禍における制度を取り上げ，コロナ禍に対する中国の諸制度・組織に関して類例の見られない程丹念に分析しており，さらにその高度な法制度的な理論的考察が行なわれている。調整組織と調整手段からなる機関の協調的なガバナンスにおいて，役割と責任が不明確であり，ガバナンスの重複に繋がりかねない。ここでも情報システムによる省庁間の調整の可能性が示唆されている。第7章，ウディン論稿では，新型コロナウイルス感染症のパンデミックはバングラデシュに重大な影響を及ぼし，国内の既存の脆弱性と格差，特に保健分野のガバナンスとRMG（既製品）と外国からの送金への過度の依存を浮き彫りにしたと結論付けることができるとしている。この章でも，国家－県（District）－郡（Upazila）レベルの制度的ガバナンスが論じられている。第8章，八代論稿では，日本の「自由で開かれたインド太平洋を実現するためのワクチン外交」はASEAN諸国の対日世論に殆ど影響を与えなかったことを指摘する。そして人道的目的に基づく外交成果を挙げたものの，戦略的目的は十分に果たせなかったと結論付けている。

（制度論的）経済学，観光（政策）学，文化心理学，法学，（国際）政治学と各々各専門分野で独創的な見解を示しているのはみてとれよう。それでは本書全体の意義としては何が論及できるか。端的に言ってコロナ禍に関する制度論あるいは制度的解明としての意義であろう。これまでの編者のシンポの流れからも位置づけられることである。観光を含めた人的移動における規制緩和の順序の解明というのも制度的・組織的な対応を伴うものであるし，コロナ禍における外交戦略も同様であるし，その各国における受容（されない）という現状も各国の広い意味での制度的・組織的な対応を伴うものである。上記のような，法制度的な解釈や法制度・組織の実態的解明並びに理論的深化であれば一層当て嵌まる。

そこから残された課題は何か？もちろん，各論者各々専門に基づく目的があるから，当然のことながら，制度・組織について必ずしも直接的に論述・解析しているわけではない。とはいえそれぞれの論稿の制度的・組織的な解明を今後さらに進めていくことは求められるところだろう。今回解明された，あるいは追究された，コロナ戦略・対策の国際的な影響力の高め方，または外国人の入国条件，文化的条件の相違，等々は，他国における制度・組織とさらなる国際比較を行なって，さらなる研究の深化が望まれるであろう[1]。

末筆になりますが中央経済社の浜田匡様には懇切丁寧にご尽力いただき誠に感謝申し上げます。

浜島　清史

◉注

1　制度学派には新・旧・現代・比較分析等の学派があり，多様化・収斂化・定常化などが議論されているが，それは本稿の範囲，コロナ禍における現状論的な制度・組織という範囲を超える。制度学派の鳥瞰の一環として，季刊経済理論2017年７月号「制度の政治経済学のパースペクティブ」を挙げておこう。

ENGLISH ABSTRACTS

1
International Symposium on the COVID-19 Pandemic : Institution and Organization

HAMASHIMA Kiyoshi

This introduction describes the background, purpose, and structure of the book as a whole, explains each chapter, and a gives a summary of the symposium series to date. The introduction goes on to summarizes, furthermore, a part of the field of institutional economics from the viewpoint of how social systems and organizations should operate in a coronavirus pandemic, and argues that discourse must be elevated to embrace the concept of the failure of the free competitive market. In light of the argument that social security should be enhanced in preference to the strengthening of state control, it illustrates how information systems can help to partition the roles of each medical institution and promote inter-institutional cooperation, as exemplified in the case of Yamaguchi Prefecture.

2
Regulation and Deregulation of Human Mobility during the COVID-19 Pandemic in Japan

ASAMIZU Munehiko

The COVID-19 (coronavirus) pandemic profoundly affected the movement of people around the world. In early 2020, many countries, including Japan, restricted international travel. This chapter will explain the travel regulations put in place during the COVID-19 pandemic in Japan in chronological order. The latest immigration control information can be found on the Japanese government website. However, the archives of the homepages of these government websites are not user-friendly, except for those related to the Ministry of Justice. Therefore, this chapter used NHK's web-based broadcast archives to research the details of travel regulations (https://www3.nhk.or.jp/news/special/

coronavirus/immigration/).

3

Tourism in Malaysia Post COVID-19

BADARUDDIN Mohamed

COVID-19 (coronavirus) caused a major reset to the global tourism sector. Long-term lockdowns, travel regulations (MCOs) and border blockades brought about in response to the virus have stagnated travel to tourist destinations. At the same time, the spread of the COVID-19 pandemic provided us with many valuable lessons. Before 2019, we lamented the impact of overtourism. The COVID-19 pandemic made us aware of the dangers of under-tourism. The Japanese Tourism Bureau stressed the importance of domestic tourism in maintaining the tourism sector during the COVID-19 pandemic. Destination managers also agreed that tourism should not be dependent on a single sector, and that its economic base should be diversified.

4

The Reason for the Japanese COVID-19 Miracle: Weakness in the Face of Societal Pressure or Autonomous Personal Hygiene?

TAKEMOTO Timothy and SAI Xingke

Despite their success, Japan's coronavirus countermeasures are often viewed negatively as being the result of oppressive peer pressure. This chapter will examine whether this view is accurate. To that end, while considering traditional Japanese hygiene-related behaviours, it is argued that it is difficult to explain them as being due to peer pressure because many of these behaviours are carried out in private spaces. In addition, based on an international comparative study of the motivation for public and private hygiene related behaviours, results are presented to support the assertion Japanese people perform such behaviours as autonomously as English-speaking people. The chapter concludes by recommending the dissemination and uptake of such Japanese-style countermeasures against infectious diseases, particularly by the implementation of Visual Management (5 S).

5

The Legal Basis of Measures against Infection COVID-19 in Japan: Focusing on ´The Act on the Prevention of Infectious Diseases of 1998'

TACHIYAMA Kohki

Japan's coronavirus control measures are characterized by the relatively low number of infected people and deaths without using legal coercive measures such as lockdowns. Some argue that mutual monitoring and behavioral restraint among citizens replaced coercive measures by government to suppress the spread of infection; but it has not been proven how effective informal coercion was in controlling infection. Rather, the Act on Infectious Diseases, which forms the basis of infection control, set out the fundamental human rights guaranteed to citizens, by Article 25 of the Constitution of Japan "the minimum standards of wholesome and cultured living" and the government's responsibility to realize these rights. Especially the latter corresponding to the inclusion of public health, severely restricted legal compulsion and was dedicated to providing a good medical and healthcare delivery system. However, it should not be overlooked that the implementation system has been weakened by the government for more than a decade, even after the 2009 H 1 N 1 influenza pandemic, resulting in an undue burden on medical and public health professionals.

6

Inter-Agency Coordination in China's Response to the COVID-19 Pandemic

SONG Hualin and XU Xihao

Inter-authority cooperative governance has played an important role in the Chinese government's response to the coronavirus pandemic. There are various types of inter-authority coordination in China, but they can be broadly divided into coordination of organisations and coordination of procedures. The former refers to the actual organisation responsible for coordinating governance, and generally includes: "deliberative coordination bodies," "party/government leadership groups," "working groups", and "internal government agencies." The latter consists mainly of: administrative cooperative procedures, administrative assistance procedures, and multi-level administrative procedures, joint consultation procedures, etc.

This chapter argues that unclear roles and responsibilities in governance coordination can lead to the duplication, congestion or discontinuity of governance, and that governments should take steps to prevent this, especially in response to the coronavirus pandemic, and further that the use of information technology has the potential to provide inter-agency coordination functions.

7
Response to the COVID-19 Pandemic in Bangladesh: The Impact on Human Lives and the Economy

UDDIN Ahmed Musleh

The COVID-19 pandemic has had a major impact on governance and approaches to development in many countries, forcing them to respond in unique ways. The rapid spread of the virus, travel restrictions, lockdowns, and social isolation have had a significant negative impact on public health and economic conditions, especially in developing countries such as Bangladesh.

This chapter highlights the government's response mechanisms to address the spread of the COVID-19 pandemic and assesses the short- and long-term impact on the lives of Bangladeshi citizens and the economic impact of these measures upon them. Investigations were conducted using an exploratory research design and a qualitative approach based on a thorough analysis of academic books, papers, and government and private sector reports on the impact of COVID-19 in Bangladesh.

The findings highlight the significant economic, health, social, cultural, political, and managerial impacts of the COVID-19 pandemic. Rapid mass vaccination policies have saved thousands of lives, but lock-downs and social distancing policies are still causing destruction to the backbone of the informal sector economy.

Additionally, digitalisation of the service delivery process creates a new digital divide among low-income marginalised people. During a pandemic, the middle class suffers more than the rich. These impacts underscore the need for targeted interventions in Bangladesh to address the various challenges posed by disasters such as the coronavirus, including: improving medical capacity, supporting vulnerable sectors of the population, and ensuring food security and social welfare.

8
Japan's "Vaccine Diplomacy" and its Effectiveness

YASHIRO Taku

How did Japan's vaccine diplomacy serve as a diplomatic resource during the COVID-19 pandemic, and what kind of policy impact did it bring about? This chapter attempts to provide an academic overview of vaccine diplomacy from the perspective of international political science. The existence of strategic objectives in Japan's vaccine diplomacy has already been debated, but the position of vaccines in foreign policy and the outcomes of vaccine diplomacy have not been determined. In response, this chapter points out that when Japan began vaccine diplomacy, vaccines were only capable of becoming a component of soft power. It also points out that while Japan has positioned vaccine diplomacy within the framework of the "Free and Open Indo-Pacific," it has had little influence on the opinion of ASEAN countries on Japan. Based on the above, the authour concludes that although Japan's vaccine diplomacy has achieved diplomatic results based on humanitarian objectives, its strategic objectives have not been fully achieved.

◉執筆者紹介（執筆順）

浜島　清史（はましま・きよし）
山口大学大学院東アジア研究科教授　［はしがき，第1章，あとがき］　責任編集

朝水　宗彦（あさみず・むねひこ）
山口大学大学院東アジア研究科教授　［第2章］

バダルディィン・モハメド（Badaruddin Mohamed）
マレーシア・セインズ大学（USM）住宅・建築・計画学部教授　［第3章］

武本Timothy（たけもと・てぃもしー）
山口大学大学院東アジア研究科教授　［第4章］

蔡　黎星（サイ　レイセイ）
立命館大学経営学研究科企業経営専攻　［第4章］

立山　紘毅（たちやま・こうき）
山口大学大学院東アジア研究科教授　［第5章］

宋　華琳（Song Hualin）
中国・南開大学法学院院長・教授　［第6章］

徐　曦昊（Xu Xihao）
中国・南開大学法学院博士後期課程／南開大学法学院・ニューヨーク大学
法学院合同育成博士（Joint Training Ph.D.Student）　［第6章］

ムスレ・ウディン・アーメド（Musleh UDDIN Ahmed）
ダッカ大学（バングラデシュ）行政学部教授　［第7章］

八代　拓（やしろ・たく）
山口大学大学院東アジア研究科准教授　［第8章］

◉編著者紹介

山口大学大学院東アジア研究科

山口大学大学院東アジア研究科は，2001年４月に設立された東アジアをはじめとする国・地域で指導的役割を果たす高度専門職業人を養成する後期博士課程のみの研究科です。現在，「比較文化講座」，「社会動態講座」，「社会システム分析講座」の３つのコースで，数十名の学生・教員が研究と教育に携わっています。修了生の多くが，東アジア各地域の大学や教育機関，研究機関等で活躍しています。

山口大学大学院東アジア研究科　東アジア研究叢書⑦

東アジアのパンデミック

——政治・経済学，法制度，観光学の視点から

2024年3月31日　第1版第1刷発行

編著者　国立大学法人 山口大学大学院 東アジア研究科

責任編集　浜島清史

発行者　山本継

発行所　㈱中央経済社

発売元　㈱中央経済グループパブリッシング

〒101-0051　東京都千代田区神田神保町1-35

電話　03（3293）3371（編集代表）

03（3293）3381（営業代表）

https://www.chuokeizai.co.jp

印刷／三英グラフィック・アーツ㈱

製本／誠製本㈱

ISBN978-4-502-49821-3　C3034